進化する中国の改革開放と日本

張 兵 著

時潮社

目次
Contents

まえがき ... 4

第1章　中国及び中国の経済政策
1. 地域差の大きい大国 ... 9
2. 建国以来の地域の区分 ... 10
3. 中国における5カ年計画と経済政策の変遷 ... 12

第2章　改革開放前の内陸重視政策
　　　　―三線建設の展開
1. はじめに ... 17
2. 内陸重視政策の展開 ... 18
3. 内陸重視政策の特徴 ... 23
4. 内陸重視政策の効果 ... 28
5. おわりに ... 35

第3章　改革開放の始まりと沿海地域傾斜政策
　　　　―経済特区と沿海開放都市の展開
1. はじめに ... 41
2. 沿海地域傾斜政策の背景 ... 41
3. 沿海地域傾斜政策の展開 ... 46
4. 沿海地域傾斜政策の効果 ... 50
5. 沿海地域傾斜政策の特徴と問題点 ... 54
6. 沿海地域傾斜政策と地域格差の拡大について ... 56
7. おわりに ... 62

第4章　改革開放の加速と地域格差の是正
―地域協調発展戦略への転換

1．はじめに　　　　　　　　　　　　　　　　　　　　　67
2．2006年までの地域協調発展戦略　　　　　　　　　　67
3．第11次5ヵ年計画以降の新しい地域協調発展戦略：「1334」
　　枠組み　　　　　　　　　　　　　　　　　　　　　69
4．4地域総合発展戦略の実施　　　　　　　　　　　　72
5．主体機能区戦略の実施　　　　　　　　　　　　　　76
6．都市化戦略の実施　　　　　　　　　　　　　　　　78
7．おわりに　　　　　　　　　　　　　　　　　　　　80

第5章　経済改革から総合改革へ
―国家総合改革試験区の展開

1．はじめに　　　　　　　　　　　　　　　　　　　　83
2．国家総合改革試験区設立の背景と目的　　　　　　　83
3．国家総合改革試験区指定の政治過程　　　　　　　　93
4．国家総合改革試験区から見た中国の改革開放政策の方向性　105
5．おわりに　　　　　　　　　　　　　　　　　　　　108

第6章　陸域開発から海域開発へ
―海洋経済発展モデル区の展開

1．はじめに　　　　　　　　　　　　　　　　　　　　111
2．中国の海洋発展戦略とは　　　　　　　　　　　　　111
3．中国の海洋経済発展戦略の展開　　　　　　　　　　118
4．山東半島藍色経済区発展規画　　　　　　　　　　　123
5．おわりに　　　　　　　　　　　　　　　　　　　　132

第7章　さらなる改革開放を求めて
　　　　　―自由貿易試験区の展開
1．はじめに　137
2．中国（上海）自由貿易試験区とは　137
3．中国（上海）自由貿易試験区設立の背景と目的　148
4．中国（上海）自由貿易試験区設立の意義　151
5．おわりに　156

第8章　中国の改革開放の進化と日本
1．中国における改革開放の進化　161
2．日中経済関係の発展と日本の対中依存度の高まり　164
3．中国ビジネスの問題点について　167
4．今後の展望　169

付録1　中国の改革開放に関する年表　173
付録2　「天津濱海新区の開発・開放の推進についての国務院の意見」　177
付録3　第12次5カ年計画（2011-15年）の概要　183
付録4　「中国（上海）自由貿易試験区総体方案」　193
付録5　中国共産党18期3中全会「改革の全面的深化に関する若干の重大問題についての決定」（要旨）　203

まえがき

　2013年9月、中国初の自由貿易試験区が上海で設立され、次いで同年11月の中国共産党第18期中央委員会第3回全体会議が「改革の全面的深化に関する若干の重大問題についての決定」を採択した。中国国内外においては、この2つの出来事を「第2の改革開放」、「改革の全面的深化」の始まりなどとして注目と期待が高まっている。つまり、1978年以降経済特区の設立などからスタートした対外開放と経済体制に対する改革は中国における「第1の改革開放」であり、それは中国に大きな変貌をもたらした。今回の自由貿易試験区の設立と「改革の全面的深化」についての決定は中国で改革開放の「第2の波」を起こすものであると見られている。

　確かに自由貿易試験区の設立と「改革の全面的深化に関する若干の重大問題についての決定」の採択は改革開放の質的な進歩をもたらすに違いないが、しかし、中国における改革開放のバージョンアップは今に始まったばかりのものではなく、少なくとも2005年に開始した国家総合改革試験区の設立にさかのぼることができると考えられる。その時から、中国の改革開放は質的な進化が生じており、絶えず発展してきたのである。

　本書は、中国における改革開放の進化のプロセスについて地域政策を中心に考察するものである。中国は960万㎢の国土面積と13億の人口（それぞれ日本の約26倍と10倍）を持つ大国であり、自然地理的条件にも経済発展のレベルにも大きな地域差がある。これほど広大な国土に対して、経済発展戦略上では、画一的に律することが非常に難しい。実際、改革開放に関する戦略と政策も全国一律的に実施するのではなく、ある戦略・政策を特定の地域で試行し成功してから他の地域へ拡げたり、地域によって異なった戦略・政策を実施したりする形となっているのである。言わば、中国における改革開放は地域政策の形

によって展開されるケースが多く、改革開放政策と地域政策は不可分な関係にあるのである。

まず第1章では、中国における「地域」を解説する上で、1949年建国から現在に至るまでの中国における5カ年計画と経済政策の変遷過程を概観し、その内容や特徴を時期ごとに整理し、中国における経済政策の全体像を明らかにする。1949年から1970年代末までの30年間には、計画経済システムの下で地域均衡という公平性を重視した政策が実施されたが、1980年代から1990年代はじめには、それは効率性を重視する方向へ大きく調整され、経済発展の条件に恵まれた東部沿海地域の優先発展を追求する地域傾斜政策が行われた。その結果、東部沿海地域の経済は急速な発展を遂げ、中国の経済成長の牽引力となった。しかし一方では、東部と中西部の間に深刻な経済格差が生じ、国内外から懸念された。

第2章では、中国における改革開放前（1949年から1970年代末）の内陸重視政策について、その展開と策定の背景を明らかにする上で、その特徴、効果及び政策的含意を分析した。1970年代末まで、中国中央政府の開発重点は一貫して立ち遅れていた内陸地域に置かれた。高度中央集権の計画システムの下で、傾斜的に内陸部へ資金を投下し、またそれと同時に先進地域である沿海部から大規模な産業移転を実施した。30年間続いたこの地域均衡政策の結果としては、内陸部における経済基盤がある程度できて、工業生産の地域分散化が進んだが、期待された内陸地域における経済発展が得られず、目標とした沿海地域との格差是正も達成できなかったことが示される。

第3章では、1980年代から1990年代までに行われた沿海地域傾斜政策について、その背景、展開及び効果を考察し、あわせてその実施と地域格差とのかかわりを論じている。改革開放以降の中国経済の高度成長が注目されてきているが、それは主に沿海部の発展に支えられ、また1980年代から1990年代に限って言えば、沿海地域の急速な経済成長に対して、沿海地域傾斜政策はもっとも重要な要因であった。効率

重視の視点に基づいて、条件のよい沿海部を速やかに発展させることが沿海地域傾斜政策の主な目標であるが、それは期待通りに達成した。確かに、沿海地域傾斜政策の実施によって、沿海地域における経済発展速度は内陸地域のそれを大きく上回り、両地域間の格差が広がることとなっている。しかし、地域格差の原因は地域傾斜政策だけではないし、そもそも沿海地域傾斜政策は全国の共同富裕を実現するための戦略的方策であり、マイナス効果があると言ってそれを否定することができないと考えられる。

　沿海部と内陸部の格差の広がりを背景に、1990年代半ば以降、特に2006年に始まった第11次5カ年計画期から、内陸部の発展支援と地域格差の是正が求められ、調和のとれた経済発展をめざす地域協調発展戦略が打ち出された。それに合わせて、市場メカニズムの推進と対外開放の拡大をはじめとして、改革開放が一層加速してきた。第4章は、1990年代半ば以降、特に第11次5カ年計画以降の中国における改革開放の加速と地域協調発展戦略の背景、特徴、政策内容の概要を説明し、その問題点と課題について若干の考察を行っている。

　2005年6月上海浦東新区が国家総合改革試験区として指定されたのを皮切りに、天津濱海新区、重慶市、成都市、武漢都市圏、長（沙）株（洲）（湘）潭都市圏、深圳市、瀋陽経済区、厦門市、山西省が相次いで国家総合改革試験区に指定された。「新特区」とも呼ばれているこれらの国家総合改革試験区は、より大きな地方自主権を持ちながら経済分野を超えた総合的な改革試験を行うようになり、中国全土の改革と発展に経験や手本を提供するものとして期待されている。第5章は、中国における国家総合改革試験区設立の背景や目的、政治過程に関する考察を通じて、その設立から見た中国の改革開放政策の方向性について以下の3つを指摘している。すなわち、①成長拠点のリードによる地域協調発展の促進、②経済体制改革から行政体制改革、都市農村の一体的な発展の促進、省エネ・環境保全型成長モデルの樹立を含めた総合的な改革への転換、③中央から地方への権限移譲と地方自

主権の拡大、の3つである。

　第6章は中国における海洋発展戦略の概念を明確にする上で、その最も重要な1つである海洋経済発展戦略の政策展開と実態、課題について山東半島藍色経済区発展規画の事例を利用しながら分析している。中国における海洋経済発展戦略はその展開過程において、単に経済発展の空間を陸域から海域へ拡げるといった点にとどまらず、同時に海洋という特色を生かして当該地域の振興を図るための地域発展戦略の側面及び、その地政学的利点を梃子に周辺諸国との協力強化を図る対外開放戦略の側面もあり、言わば、海洋経済発展戦略と地域協調発展戦略、対外開放拡大戦略の三位一体的戦略である。中国における陸域資源の制約及び海洋開発とボーダレスな地域経済圏の推進が世界的な潮流となっていることにより、中国の海洋経済発展戦略は、時宜を得た妥当な戦略であり、その可能性や効果は大いに期待されていると考えられる。一方、その実際の展開において、従来の地域発展戦略との差別化、計画実行のための資金の調達・確保、海洋科学技術成果の実用化、海洋産業構造の調整とグレードアップ、海洋関連人材の育成、海洋環境の保護、国際的視野と対外連携協力の強化など、さまざまな課題が存在し、その解決が求められている。

　2013年9月27日、国務院は「中国（上海）自由貿易試験区全体方案」を公表し、上海に中国初の自由貿易試験区を建設することを正式に表明した。次いで29日、中国（上海）自由貿易試験区の開設式が行われ、国内外の注目を集め、さまざまに憶測されてきた同試験区は、正式に設立することになった。第7章はいちはやく中国（上海）自由貿易試験区を取り上げる研究として、その設立の経緯や政策内容を含めた概要及び関連する報道・評論を解説する上で、同試験区設立の背景と意義について検証を試みた。中国（上海）自由貿易試験区の設立は貿易及び投資の振興策として見られているが、実は単に貿易と投資の振興策ではなく、金融制度の改革と金融分野の開放、管理方式と政府機能の転換、法制度の整備と強化などを含む幅広い政策措置が打ち出され

ている。その設立は、中国における開放の拡大と改革の深化を促進するのに大きな意義があると考えられる。

　1978年以降中国における急速な経済成長の最も大きな要因は、経済特区、沿海開放都市の設立を中心とした改革開放政策の実施にあるとよく言われるが、国内外における情勢の変化に伴い、2005年頃から、国家総合改革試験区や海洋経済発展モデル区、自由貿易試験区などの設立に象徴されているように、中国の改革開放は近年さらなるバージョンアップを狙っている。実施しようとする政策をまず特定のエリアで試行し、それが成功してから他の地域へ拡げていくといった「漸進的改革」手法自体は特に変わっていないが、具体的な改革開放政策の内容などが大きく進化している。進化する中国の改革開放は中国国内に対して言うまでもなく、日本を含めた世界各国に対しても大きな影響を及ぼすものであろう。最後第8章では、これまでの中国の改革開放に伴う日中経済関係の深化を踏まえながら、今後の日中ビジネスについて若干の分析と展望を行っている。

　本書は筆者が時潮社から出版される2冊目の本である。今回も相良智毅氏をはじめとする時潮社の皆様に大変お世話になった。心から感謝を申し上げたい。

2014年4月
張　　兵

第1章　中国及び中国の経済政策

1．地域差の大きい大国

　中国の国土面積は960万km²に達し、日本の26倍があり、ヨーロッパ全体を合わせたよりも広いのである。この広大な国土に、日本の人口の約10倍、世界人口の約5分の1に相当する13億人口が居住している。これほど巨大な国だけに、気候、地形や天然資源の賦存など自然地理的条件の差異は言うまでもなく、人口密度、インフラストラクチャーや産業の分布、経済発展のレベルにも大きな地域差がある。

　総じて言えば、中国の地形構造は西高東低型であり、国土総面積の7割近くを占める山地、高原、丘陵地帯の大半が西・中部内陸地域に偏在し、平原はほとんど東部沿海地域に集中している。人口分布も非常にアンバランスであり、西部の人口密度を1とすれば、中部と東部のそれはそれぞれ3と8となり、東部沿海地域は人口が密集している。また、中国は多民族国家でもあり、全人口の92％を占め、主に3大河川（黄河、長江、珠江）の中・下流域と東北平原に住んでいる漢民族のほかに、西南・西北部の辺境地域に55の少数民族が分布している。

　経済発展の側面から見ると、「1つの中国に4つの世界がある」と言われるほど地域間の格差が非常に大きい。すなわち、第1世界は上海と北京で、総人口の約2.2％を占め、世界の高収入国家に相当する。第2世界は天津、浙江、広東、福建、江蘇、遼寧で、総人口の約21.8％を占め、世界の「中」レベル収入の国家に相当する。第3世界は山東などの地域で、総人口の約21.8％を占め、世界の「中の下」レベル収入の国家に相当する。第4世界の大半は中西部地域に位置し、総人口の約50.6％を占め、世界の最低レベルの収入にとどまっている（胡鞍鋼2006、p.32）。

　このように、中国は地理的条件が異なり、かつ多様な発展段階にあ

る複数の地域からなる大国である。中国を見る場合、地理的にも経済的にも差の大きい複数の地域の集合体として捉えることは極めて重要である。

2．建国以来の地域の区分

　これほど広大な国土に対して、経済発展戦略うえでは、画一的に律することが明らかに不可能である。そのため、建国以来、さまざまな経済ブロックが想定され、地域経済政策が試みられてきた。

　中華人民共和国成立の初期、中央政府は、全国を東北、華北、華東、中南、西南、西北という「6大区」に区分すると同時に、経済政策の策定にあたっては、全国をおおまかに「沿海」と「内陸」という2つの地域に分けて政策の区分を行った。1960－70年代、当時の国防戦略と経済形勢の考慮から、全国を「一線」（沿海地域）、「二線」（沿海や国境に近い内陸部）、「三線」（四川省、貴州省、陝西省、甘粛省など沿海からも国境からも遠い内陸部）という3つの地域に分けたが、その後、また「沿海」と「内陸」という2地域区分に戻った。

　第7次5カ年計画（1986－90年）では、地域的配置と地域経済発展政策として、沿海を「東部沿海地帯」とし、内陸を「中部地帯」と「西部地帯」に分けて、全国が東部、中部、西部の3つの地域に区分することとなった。「東部沿海地帯」には遼寧省、北京市、天津市、河北省、山東省、江蘇省、上海市、浙江省、福建省、広東省、広西チワン族自治区の11地区、「西部地帯」には四川省、貴州省、雲南省、チベット自治区、陝西省、甘粛省、寧夏回族自治区、青海省、新疆ウイグル自治区の9地区が含まれるが、1988年に海南島が広東省から分離して省に昇格し、1997年に重慶は四川省から分離して直轄市に昇格したため、「東部沿海地帯」は12地区、「西部地帯」は10地区となり、「中部地帯」は残る9地区（黒龍江省、吉林省、内モンゴル自治区、山西省、河南省、湖北省、湖南省、安徽省、江西省）を指す（図表1－1）。以来、第11次5カ年計画採択（2006年3月）まで、この区分は、中国中央政府の経

済政策と地域政策の枠組みとして利用されている。

図表1－1　沿海（東部）と内陸（中部、西部）

出所：筆者作成

　2006年3月に採択された第11次5カ年計画（2006－10年）は、「全面的小康社会」を国の発展目標とし、「地域の協調発展の促進」を第11次5カ年計画期における主要課題の1つに取り上げたうえで、地域発展のための総合戦略として、①西部大開発の推進、②東北地区等旧工業基地の振興、③中部地域崛起の促進、④東部地域先行発展の奨励、⑤旧革命根拠地、少数民族地域、辺境地域の発展の支援、⑥地域の相互協調メカニズムの健全化の6つを取り入れている。ここでは、国の地域政策として、公式に全国を東部、中部、西部、東北（従来中部に区分された黒龍江省、吉林省と、東部に区分された遼寧省を含む）という4つの地域に区分し、これらの地域の相互協調、共同発展を提起している。現在に至るまで、この4つの地域区分は新たな経済政策と地域政策の

枠組みとして定着している（図表1−2）。

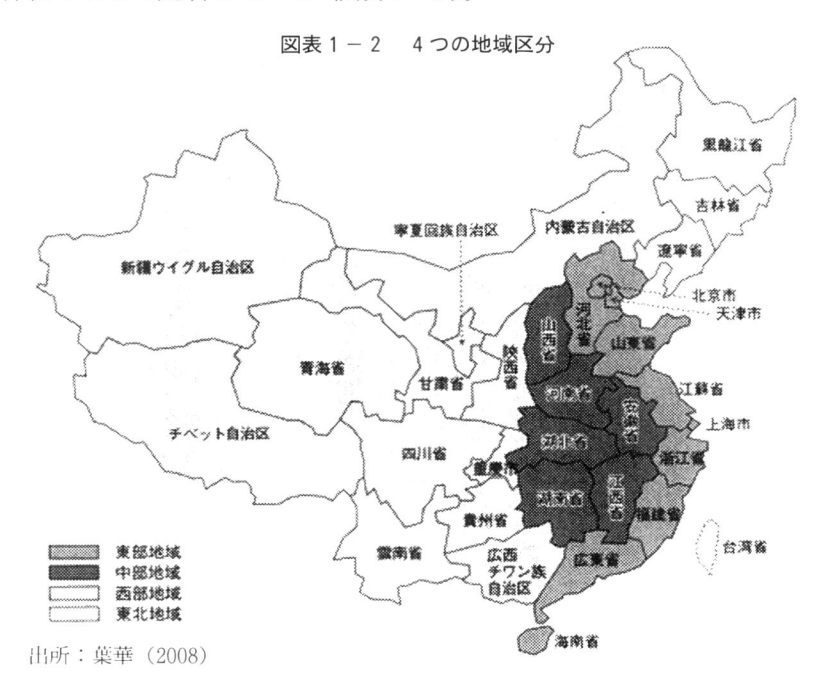

図表1−2　4つの地域区分

出所：葉華（2008）

3．中国における5カ年計画と経済政策の変遷

　中国では、日本の全国総合開発計画のような国土計画が作られておらず、中央政府の地域政策は基本的に5年ごとに策定されている「国民経済と社会発展5カ年計画」の中に反映されることになる。1953年に第1次5カ年計画を実施して以降、すでに第12次を数えるに至っている（図表1−3）。計画の策定は主に国務院に設置された国家計画委員会（1952年に設置され、市場経済化の進展と国務院体制の再編に伴って1998年に国家発展計画委員会、2003年に国家発展改革委員会へと改組された）が担当している。一般に、計画の原案が作られてから、各地方の政府との協議、調整を行ったうえ、日本の国会にあたる全国人民代表大会で議決される、というのが通常のプロセスである。

第 1 章　中国及び中国の経済政策

図表 1 − 3　5 カ年計画と経済政策の変遷

5 カ年計画	経済政策の要点
第 1 次 5 カ年計画（1953 − 57 年）	沿海・内陸という地域区分、内陸重視、大型プロジェクトの内陸立地
第 2 次 5 カ年計画（1958 − 62 年）[1]	内陸重視の継続、後進地域開発の促進
調　整　期（1963 − 65 年）	非効率なプロジェクトの整理整頓
第 3 次 5 カ年計画（1966 − 70 年）[2]	一・二・三線という地域区分、三線建設の実施、内陸部への傾斜投資と産業移転
第 4 次 5 カ年計画（1971 − 75 年）	
第 5 次 5 カ年計画（1976 − 80 年）[3]	国民経済の「調整・改革・整頓・向上」
第 6 次 5 カ年計画（1981 − 85 年）	沿海重視への転換、沿海地域の優先発展
第 7 次 5 カ年計画（1986-90 年）	東・中・西部という地域区分、沿海地域経済発展戦略
第 8 次 5 カ年計画（1991 − 95 年）	地域間の協業と提携の提唱、沿海から内陸への発展の波及
第 9 次 5 カ年計画（1996 − 2000 年）	地域均衡発展、7 大経済圏構想
第 10 次 5 カ年計画（2001 − 05 年）	地域均衡発展、西部大開発、沿海地域による内陸支援
第 11 次 5 カ年計画（2006 − 10 年）	地域の協調的発展、東部の発展加速、西部大開発、東北振興、中部崛起
第 12 次 5 カ年計画（2011 − 15 年）	地域の協調的発展、主体機能区戦略の実施、積極的かつ安定した都市化推進

注：(1)第 2 次 5 カ年計画は大躍進運動の高揚によって棚上げされた。
　　(2)文化大革命の影響によって、第 3 次・第 4 次 5 カ年計画はその草案が起草されたが、正式の文書が形成されなかった。
　　(3)第 5 次 5 カ年計画の正式採択は計画開始から 2 年遅れた 1978 年 2 月であった。
出所：筆者作成

　1949 年の建国から 1970 年代末まで、計画経済システムの下で地域均衡という公平性を重視した地域政策が実施された。中央政府の開発重点は一貫して内陸地域に置かれており、傾斜的に内陸部へ資金を投下し、またそれと同時に、沿海部から大規模な産業移転を実施した。しかし、30 年間続いたこの地域均衡政策の結果としては、内陸部における経済基盤がある程度できて、工業生産の地域分散化が進んだが、中央政府が重点開発を行ったにもかかわらず、期待された内陸地域における経済発展が得られず、目標とした沿海地域との格差是正も達成できなかった。それだけではなく、内陸重点開発、特に 1960 年代半ばか

らの三線建設の実施は、国家経済全体の成長に対する貢献も小さく、中国経済を崩壊の瀬戸際に追い込んでしまった。

　1978年の中国共産党第11期３中全会以後の改革開放に伴って、地域政策は効率性を重視する方向へ大きく調整され、1980年代から1990年代はじめには、経済発展の条件に恵まれた東部沿海地域の優先発展を追求する地域傾斜政策が行われた。その結果、沿海地域の経済は急速な発展を遂げており、またそれは全国経済発展の牽引役となり、内陸部を含む全国の経済成長に大きく貢献した。

　一方では、沿海地域傾斜政策の実施によって、沿海地域における経済発展速度は内陸地域のそれを大きく上回り、両地域間の経済格差が広がることとなっている。それを背景に、1990年代半ば以降、政府の地域政策は再び地域均衡発展へと転換し、2000年に「西部大開発」、2003年に東北3省（黒龍江、吉林、遼寧）の再生を図る「東北振興」、2005年に中部地域開発の促進を目標とする「中部崛起」が中央政府から次々と提起され、後進地域開発に向けた取り組みが本格化している。2006年３月に採択された第11次５カ年計画（2006－10年）の中で、「地域の協調的発展」が主要課題の１つとされており、現在実施中の第12次５カ年計画（2011－15年）はそれを踏襲する形となっている。

　このように、国土の広い大国中国においては、全国を複数の地域に区分し、地域ごとに経済発展戦略と経済政策を定めるのが一般的であり、地域政策は経済政策の中で非常に重要な位置を占めている。改革開放に関する戦略と政策も全国一律的に実施するのではなく、地域によって異なった戦略と政策を講じたり、特定の地域で試行してから他の地域へ拡げたりする形となっている。

参考文献

胡鞍鋼（2006）「成長方式の転換めざす，第11次５カ年規画」日本経済研究センター・清華大学国情研究センター編『中国の経済構造改革』日本経済新聞社

葉華（2008）「和諧社会時代の地域・都市発展戦略」野村総合研究所・此本臣吾

第１章　中国及び中国の経済政策

編著『2015年の中国』東洋経済新報社

第2章　改革開放前の内陸重視政策
——三線建設の展開

1．はじめに

　近年、日本の中国経済学界において、中国の地域政策への関心が高まりつつある。しかし、その関心は圧倒的に改革開放期に集中し、1949年－1970年代末に関する研究がまだ少ないと言える。さらに、改革開放期以前の地域政策に関する先行研究を見てみると、1970年代末までの内陸開発重視の理由について、議論は必ずしも統一されていないように感じられる。地域不均衡を是正し均衡のとれた地域発展をめざすことを主張する研究もあれば（渡辺ほか1999）、当時の中国における国防面の要請を強調する研究もある（久保1993）。それに、1970年代末までの内陸開発政策の展開及びその結果について、ほとんど定性論述にとどまっており、定量的な検証が少ないことがわかる。また、改革開放前の地域開発戦略のもたらした政策的含意がまだ明らかにされていないと言えよう。

　以上のような問題意識に基づいて、本章では、1970年代末までの中国の内陸重視政策の目的と展開過程を明らかにするうえで、その特徴と結果を実証的に考察し、合わせてその結果が経済発展の戦略と政策に対してどのような示唆を与えるかについて論じてみたい。なお、地域の区分に関して、本章は沿海地域と内陸地域という2分類に従うのである。なぜなら、この時期の中国における経済政策の策定と展開は基本的に沿海と内陸という2大地域の区分によって行われたからである。沿海地域は遼寧、北京、天津、河北、山東、江蘇、上海、浙江、福建、広東、広西の11省市自治区からなり、内陸地域は黒龍江、吉林、内モンゴル、山西、河南、湖北、湖南、安徽、江西、四川、貴州、雲南、チベット、陝西、甘粛、寧夏、青海、新疆の18省自治区がある

（図表2－1参照）。

図表2－1　沿海と内陸の区分及び三線建設の範囲

出所：筆者作成

2．内陸重視政策の展開

　中国のマクロ経済政策は、基本的に全国の5カ年計画の中に反映されることになる。5カ年計画は5年ごとに策定され、改革開放前、第1次5カ年計画から第5次5カ年計画まで5つの5カ年計画を執行したが、詳細な内容が作成され、かつ計画どおりに実施されたのは、第1次5カ年計画しかなかった。

　図表2－2は第1次5カ年計画期（1953－57年）から第5次5カ年計画期（1976－80年）までの中国中央政府の基本建設投資（固定資産の新規建設に用いられる資金）の地域配分を表すものである。内陸地域への重点投資は一貫して行われたことが読み取れる。

第 2 章　改革開放前の内陸重視政策

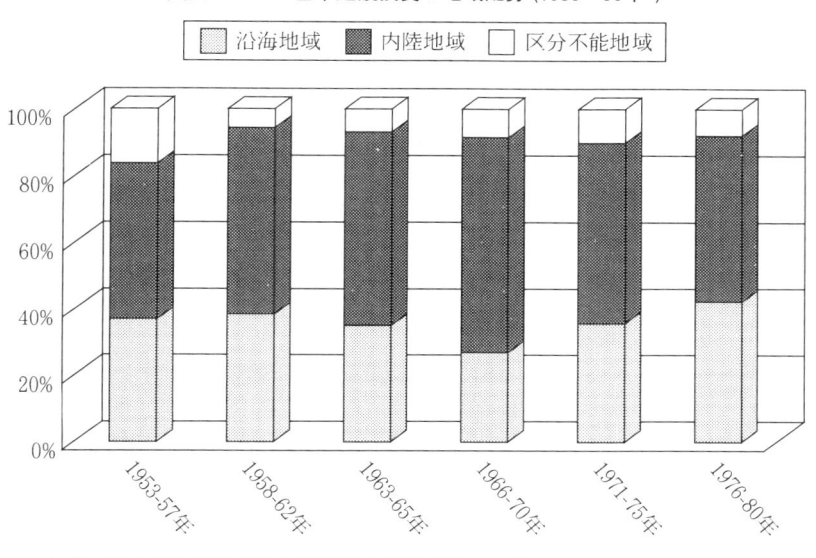

図表 2 - 2　基本建設投資の地域配分 (1953 - 80 年)

凡例：沿海地域　内陸地域　区分不能地域

（グラフ：1953-57年、1958-62年、1963-65年、1966-70年、1971-75年、1976-80年の基本建設投資の地域配分を示す積み上げ棒グラフ）

出所：国家統計局固定資産投資統計司編『中国固定資産投資統計資料 1950 - 1985』より作成

　第 1 次 5 カ年計画期から、内陸部への重点的な国家投資の配分と工業建設が行われた。計画期間中の内陸地域への基本建設投資は、沿海地域の36.9％を超え、46.8％を占めた。また、第 1 次 5 カ年計画期の経済建設は、旧ソ連の援助による156項目の重点プロジェクトと、694項目の大型建設プロジェクトを中心に展開したが、プロジェクトの地域配置から見てみると、前者の76％（118項目）、後者の68％（472項目）が内陸部への投資であった。

　第 2 次 5 カ年計画（1958 - 62年）は大躍進運動の影響によって計画指標はほとんど意味をなくし、5 カ年計画そのものが事実上棚上げにされた。1958年から始まった大躍進期には、内陸部に対する投資はいっそう拡大し、沿海地域の38.4％を大きく上回って56.0％に達した。大躍進政策のもたらした問題点を糾すために、新たな 5 カ年計画の開始を延期し、1963年から1965年まで 3 年間にわたって調整政策を講じた。立地条件が劣悪で、非効率な数多くのプロジェクトが中止あるいは整

理された。しかし、この時期、内陸地域への投資比率はさらに上昇し、沿海地域の34.9％を大きく上回って58.3％に及んだ。

　文化大革命の影響によって、第3次5カ年計画（1966－70年）と第4次5カ年計画（1971－75年）は正式に採択されるには至らなかった。第5次5カ年計画は1978年になってやっと採択され、その後も大幅な調整を経てほぼ目標を達成した。なお、第3次と第4次5カ年計画期は、当時の国際環境や国境周辺の情勢の変化を踏まえて、中国政府は、全国を「一線」（沿海地域）、「三線」（四川、貴州、雲南、陝西、甘粛、青海、寧夏の全域もしくは大部分と山西、河南、湖北、湖南の西部地区）、「二線」（一線と三線以外の地域。図表2－1参照）という3つの地域に分けて、戦略的な後方基地として「三線」地域に国力を集中するいわゆる「三線建設」を行った。国家投資の重点はさらに内陸部に移された。第3次5カ年計画期中、内陸地域への投資は64.7％に及び、うち三線建設の投資額が全国投資の49.4％を占めており、沿海地域に対する投資は逆に30％以下に落ちた。1970年代に入り、国際情勢が大きく変化し、それを背景に、第4次5カ年計画期後期、内陸地域への投資の比重は徐々に減らされはじめたが、三線建設はその後も続き、1979－80年の経済調整に至ってようやく終結したのである。

　なぜこうした内陸重視の経済開発政策が行われたのだろうか。これを明らかにするため、この時期の経済政策に大きな影響を持つ第1次5カ年計画の方針と目標、毛沢東の沿海内陸関係論及び三線建設が策定された背景を見てみよう。

　第1次5カ年計画開始にあたって、中国政府は経済開発の目的を以下のように説明し規定していた。「わが国におけるこれまでの工業の地域的分布状態は、きわめて不合理なものである。1952年の統計によると、沿海各省の工業生産額は、全国の工業生産総額の70％以上を占めている。古い中国がのこした、このような不合理な状態を次第に改めていって、全国の各地方に工業の生産力を適当に分布させ、これによって、工業を原料や燃料の産地と消費地に近づけるとともに、工業

の分布状態を国防強化の条件に適合させ、立ち遅れている地方の経済水準を次第に高めてゆくこと、これが、わが国の国民経済を計画的に発展させるうえでの重要な任務の1つである」。このような目的に基づいて、第1次5カ年計画は、地域的分布について工業の全国への均衡的な配置を目指している。すなわち、東北、上海その他の都市にある工業の基礎を合理的に活用しながら、内陸部である「華北、西北、華中などの地方で積極的に新しい工業基地の建設をすすめ、西南地方では部分的に工業建設を始めることにし」、新しい工業建設項目は主に内陸部に分布し、「またもとからある工業基地と新しい工業基地とを結びつけるため、5年内に行われる鉄道の建設についても、それ相応の計画配置が行われている」のである。このような政策によって、「第2次5カ年計画が完成したあかつきには、わが国は、東北地方の工業基地を増強するばかりでなく、さらに華北、西北、華中の各地方に分布した新しい工業基地をいくつかもつことになり、その結果、わが国の広大な地域にわたる経済生活は相当大きく改められることになるであろう。こうした工業の地域的分布は、重工業の発展を基礎として打ち立てられるものであり、これによって工業分布の以前の性質も改められはじめることになるのである」(日本国際問題研究所・中国部会編1970、p.434)。

　以上からわかるように、第1次5カ年計画は工業分布の地域不均衡を是正する必要があると認識し、①工業生産力の全国各地への適切な配置、及びこれによる②工業立地における原材料・エネルギーの産地と工業生産地との近接、③工業分布の国防強化への寄与、④遅れている地域における経済発展の促進を目的としたのである。この指導思想はその後も長い間中国の経済政策に対して大きな影響を持っていた。当時の中国政府の指導思想において、既存の沿海偏在の工業分布が問題視され、全国規模での均衡のとれた経済発展をめざすことがマクロ経済政策の基本原則とされたと言えよう。

　1956年4月、毛沢東が『十大関係論』という文を発表し、沿海工業

と内陸工業の関係について以下のような論点を主張した。「過去のわが国の工業は沿海地方に集中していた」、「わが国の軽工業と重工業はいずれも約70％が沿海地方にあり、30％だけが内陸にある。これは歴史的に形成された不合理な状況である。沿海地方の工業基地は十分に利用しなければならないが、工業分布のバランスをはかるためには、内陸工業を大いに発展させなければならない」。そこで、「新しい工業の大部分は内陸に配置すべきであり、これによって一歩一歩工業分布のバランスをはかり、しかも戦争への備えに役立たせる、これは少しも疑う余地のないことである」（中国経営会計研究資料叢書編集委員会編1994、p.130－131）。1950－60年代の中国地域戦略の基礎とも言える毛沢東の主張もやはり、工業分布のバランス問題を重要視し、遅れた内陸部の開発による全国の均衡発展を目標とするものであった。

　三線建設の目的について、長い間、議論はほとんど国防上の考慮という一点ばかりを強調していた。しかし、呉暁林（2002）によると、三線建設は国防上の要請と全国工業配置の均衡化を同時に考慮したものであり、また実際の展開では軍事国防工業の建設は三線建設の一部分に過ぎなかったということがわかった。三線建設は確かに当初から対米戦争を想定して決定されたのである。しかし、毛沢東、劉少奇、周恩来など中国の指導者は、戦争が起こらない場合に三線建設が無駄になるのではないかという点についても議論を重ねていて、安全保障の強化と全国的な工業配置の均衡化を同時に考慮した[2]。結局、三線建設は戦争準備と長期的経済建設を同時に行う方針のもとで、資源開発・インフラから軍事工業にいたる大規模な産業体系を作り上げるということを目指すことになったのである（呉暁林2002、p.174）。したがって、「三線建設は従来一般に理解されてきたように単に軍事工業の建設ではなかった。それは内陸の国防建設と経済開発を同時に行うことにより中国の工業化を推進する大規模な経済計画であり、戦争に備える自己完結した工業体系を形成させることを目標としていたのである」（呉暁林2002、p.228）。

このように、第1次5カ年計画から1970年代末まで、遅れた内陸部の経済開発を重点的に進め、全国工業配置の均衡化を図ることは、中国中央政府の一貫した政策理念であった。しかし、中国国内での権力闘争や中国を取り巻く国際情勢がこの時期の地域開発政策に大きな影響を及ぼした。1966年に起こった文化大革命を境に、中国における地域開発は、その前の経済開発を中心とした段階とその後の国防目的の開発に重点が置かれた段階という2つの段階に分けられ、また後半は文化大革命の混乱により、経済政策の制定と実施が正常に行われることがたいへん難しい状態であった。それゆえ、ある特定の指標が強調された政策が立案されたり、第1次5カ年計画以来の地域均衡化政策の実施が脱線したりする場合が少なくなかった。

3．内陸重視政策の特徴

　1970年代末までの中国における内陸重視政策は、以下のような特徴がある。

(1) 後進地域である内陸部への集中投資による地域均衡発展の追求

　前述したように、中華人民共和国が成立した当時、工業生産は沿海部に集中し、きわめて偏ったものであった。こうした状況を是正する必要があると強く認識されており、均衡のとれた地域発展をめざすことが中国政府の経済開発政策の出発点となった。第1次5カ年計画期から1970年代末まで、内陸部に開発重点を置くような地域間の均衡発展を重視した政策が続いた。このような特徴は、投資の地理的配置に明確に象徴される。この時期には、中国政府は全国を沿海部と内陸部という2つの地域に区分し、遅れている内陸地域で重点的に投資と開発を行った。図表2－2でわかるように、第1次5カ年計画期から第5次5カ年計画期まで、投資額に占める内陸地域の割合は、一貫して沿海地域を大きく上回って、なおかつ1975年までは年々増大の一途をたどった。

(2) 産業立地の分散化による工業の均衡分布の追求

　遅れた内陸部に開発重点が置かれた上に、各地の比較優位及び規模の経済性が無視され、開発の対象が多すぎて分散してしまった。とりわけ、分散配置は三線建設の基本方針の1つであり、政府は各地に対して、それぞれ自前のフルセット型の工業体系を確立し、なおかつ工場を「靠山、分散、隠蔽」（山間に立地し、分散配置し、隠蔽する）の原則に基づいて配置するように要求した。図表2－3は例として三線建設の鉄鋼業主要プロジェクトの状況を示したものである。三線地域に複数の類似している鉄鋼プロジェクトが同時に建設されたことがわかる。このような分散立地の直接の結果として、①それぞれのプロジェクトの資金が不十分なため、設計どおり完成、稼動できなかったものが多かったこと、②各プロジェクト間の相互リンケージが欠如し、生産能力の向上が困難であったこと、③地元のもともとの工業基盤が非常に弱かったため、できたプロジェクトは他の産業との連関を全く欠く飛び地を形成してしまい、波及効果が極めて小さかったことなど、数多くの問題が発生した。

第2章　改革開放前の内陸重視政策

図表2－3　三線建設の鉄鋼業主要プロジェクト

プロジェクト名	所在地	投資額	完成期	生産品目	生産能力
攀枝花鉄鋼基地	四川省攀枝花市	35.27億元 (1985年時点)	1974年	レール型鋼、砲弾鋼	鉄鉱石1,200万トン 銑鉄193.74万トン 粗鋼166.46万トン 鋼材91.97万トン
酒泉鉄鋼基地	甘粛省酒泉	12億元 (1980年迄)	1973年	特厚板、装甲板、ステンレス板、中板、薄板	銑鉄65万トン 粗鋼26万トン
重慶鉄鋼公司劉家堯中板廠	重慶市		1968年	中板、薄板	
昆明製鉄廠	雲南省昆明市		1968年	特殊鋼	
長城鋼廠	四川省江油県	7.6億元 (1985年迄)	1968年	特殊鋼、高温合金鋼	粗鋼36万トン 鋼材17万トン
重慶特種鋼廠	重慶市		1968年	特殊鋼	
貴陽鉄鋼廠	貴州省貴陽市		1968年	特殊鋼	
西寧鋼廠	青海省西寧市		1968年	特殊鋼	
石咀山金属製品廠	寧夏自治区		1968年	スチールワイヤ	
江油金属製品廠	四川省江油県		1968年	シームレス	
成都無縫鋼管廠	四川省成都市		1968年	薄板	
遵義薄板廠	貴州省遵義市		1968年	特厚板	
水城鋼鉄公司	貴州省水城	5.59億元 (1985年迄)	1970年		銑鉄90万トン 粗鋼20万トン
舞陽鋼鉄廠	河南省舞陽県	6.2億元 (1985年迄)	1970年	鋼板	鋼板24万トン

出所：呉暁林（2002）、表5－8

（3）沿海地域における経済発展の犠牲による内陸開発促進

　国の資金や技術力はまだたいへん限られているので、内陸地域の優先開発を可能にするためには、集中的に内陸地域へ投資する一方、沿海地域の犠牲も余儀なくされいた。それはまず図表2－2で示したように沿海地域に対する国の投資は内陸地域より大幅に下回ったことが挙げられる。次に、投資の内陸部への集中的な投下だけでなく、沿海地域の設備、人材、技術、さらには工場全体さえも内陸部へ多く移転されたのである。統計によると、全国の移転プロジェクトは、1964年から71年初めの間に合計で約380あり、14万人の職員・労働者、3万8,000台の設備が移転されたという。とりわけ、機械工業と軍事工業

25

において多数の移転が実施された。機械工業系統では1965－75年の間に一線から三線へ241の工場、研究所、設計院の全部または一部が移転され、6万人以上の労働者、1万800台の設備が移転された。さらに国家科学委員会は一線地域から三線地域に移転し建設するプロジェクトが66あり、中国科学院および15の国務院部・委員会所属の研究機関から総人数の18％に相当する2万人が移転された。そのうち、北京と上海からは1万5,000人が移動された。上海市では1964－73年の間に移転プロジェクトが304あり、動員された工場は411、移転された職員・労働者数は9万2,000人に達した（呉暁林2002、p.190－191）。内陸部の建設を支援するため、沿海地域の企業においては、国からの投資が年々減少し、人材や設備が移転され、設備を更新できないまま、古い設備を酷使せざるを得なかった。

図表2－4　上位4省の工業生産額シェアの変化（1952－84年）

（全国生産額の％）

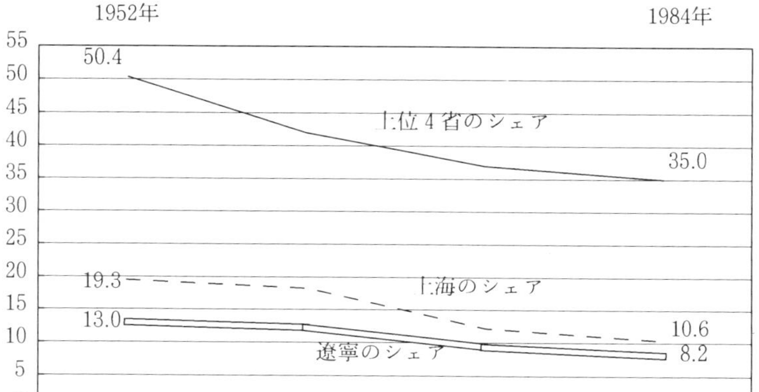

	1952年	1984年
上位4省のシェア	50.4	35.0
上海のシェア	19.3	10.6
遼寧のシェア	13.0	8.2

出所：加藤（2003）、p.72－73より作成

内陸地域への集中投資と産業移転の結果、沿海部に集中していた工業生産が内陸部へ分散し、産業分布の地域均衡化が進んだ（図表2－4参照。上位4省は主に沿海部の上海、遼寧、江蘇、山東からなり、上海は1952

年から1984年まで第1位、遼寧は1952年から1978年まで第2位を占めた)。しかし、一方では、沿海地域における工業成長の減速は避けられなかった。統計によると、1966－78年の13年間、全国工業生産の年平均成長率は8.9％であるのに対し、沿海工業部門は8.6％で、前者より0.3ポイント低かった。もっとも大きな犠牲を強いられた上海と遼寧の年平均成長率はそれぞれ6.1％と6.7％で、全国平均よりそれぞれ2.8ポイント、2.2ポイント低かった（呉暁林2002、p.292）。

(4) 権力の中央への集中と計画経済システム

　内陸部への産業配置を重点的に推進する地域開発政策は、高度に集中した計画経済システムのもとで実現されている。資源配分の権力と責任は全部中央政府に集中し、産業の地域分布、投資の地域配分から、各地域の発展計画、地域間の分業及び協力、プロジェクトの選定までについては、すべて中央政府が計画し、決定及び管理を実施していた。市場の観念が無視されただけでなく、地方政府及び企業は中央集権的部門別縦割管理体制に縛られ、中央政府の決定をそのまま実行するしかなかった。

　それを可能にしたのは、財政権の中央政府への高度集中であった。建国初期から1970年代末まで、中国の財政予算は名義上、中央と地方の分級管理を実施していたが、財政資金はほとんど中央政府に集中していただけでなく、地方政府予算の資金使用範囲と方向までも中央政府によって完全にコントロールされていた。このようなシステムによって、中央政府が巨額の資金を動かして全国土で建設プロジェクトを実施することを可能としたが、地方政府と企業における自主性と積極性が全く発揮できなかった。

　経済法則が無視され、地域開発政策の政治従属性格が強まった。特に1958－60年の大躍進と1960－1970年代の三線建設期においては、経済法則を無視した政治あるいは軍事の要請による開発計画と指標が数多く作られ、権力闘争の結果としてプロジェクトを実施したり中止し

たりすることが多かった。[3]

4．内陸重視政策の効果

　1970年代末までの内陸重点開発政策が実施された結果をみると、大量の投資によって、工業生産の内陸地域への分散が進み、内陸部の経済基盤がある程度できたことがわかる。それにより、内陸地域の国民経済における比重は次第に上昇していった。1952年と1978年とを比べると、内陸地域の固定資産値の全国比は28％から56.1％へと拡大し、工業生産額の比重も31.9％から40.1％へと高められた。特に、膨大な資金を投下して進められた三線建設の成果として、内陸部において、数多くの企業と工業都市が作り上げられ、交通、石炭、電力、鉄鋼、非鉄金属工業、機械、電子、化学工業を中心とする独立した工業体系がほぼ形成された。これは、中国における工業分布の均衡化に貢献したと同時に、ある程度内陸地域の資源開発と経済発展を促進し、また将来の内陸部開発の基礎にもなると言えよう。[4]

　しかし、それにもかかわらず、以下のような理由によって、1970年代末までの内陸重視政策は完全に失敗したと言わざるを得ない。

(1) 多大な投資がなされたが、内陸地域における発展の効率は極めて低かった。

　まず膨大な資金を投下した三線建設の効率を見てみよう。プロジェクト間のリンケージの欠如、立地の過分散と不合理、経済原則の無視などの原因で、三線建設の投資効率はきわめて低かった。研究によれば、三線建設が行われた第3次と第4次5カ年計画期における全国の基本建設投資の設備投資完成率はそれぞれ59.5％、61.4％しかなく、またたとえ完成していても、稼動していないプロジェクトが多かった。例えば、三線の軍事工業企業設備の70％、民生用機械工業部門生産能力の40％、鉄道、素材・エネルギー産業における200億元相当の設備が遊休している。さらに稼動していても生産効率が悪いものが多かっ

た（丸川1993）。図表2－5は三線建設期における各地域の投資額及び投資と生産額増加の比率を示したものである。三線地域への重工業投資（三線建設投資の大部分を占める）は、1元の投資に対して、0.445元の生産額増加しかもたらしておらず、非三線地域のそれより0.734元低い。軽工業投資の効率は重工業よりずいぶん良いが、非三線地域と比べると、やはり相当な差が見られる。試算によると、三線建設の実施によって1975年の中国の工業生産額は、実施しなかった場合に比べて4割近く低くなってしまったことになる（丸川1993）。三線建設はいかに投資効率の悪いものであったかがわかる。

図表2－5　三線建設期の工業投資と投資－生産増加額比率

	工業基本建設投資[1] (1966-75年)(億元)			投資－生産額増加比率[2]		
	合計	重工業	軽工業	全工業	重工業	軽工業
全国	1,519.48	1,373.83	145.65	1.188	0.812	4.737
三線11省[3]	739.14	687.72	51.42	0.658	0.445	3.507
非三線地域[4]	780.34	686.11	94.23	1.690	1.179	5.409

注：(1)工業基本建設投資額は全人民所有制単位のみのもの。
　　(2)（1965－75年の工業生産額の増加額）÷（1966－75年の工業基本建設投資額）。
　　(3)三線11省とは四川、貴州、雲南、陝西、甘粛、青海、寧夏、山西、河南、湖北、湖南といった11省・自治区の合計。
　　(4)非三線地域とは、（全国）－（三線11省自治区）。
出所：丸川（1993）、第4表

　投資効率が低かったのはもちろん三線建設だけではない。図表2－6は1952－83年の地域別1人あたり工業生産額を示したものである。低かった効率の当然の結果とも思われるが、集中的に資金を投下し、設備や人材をはじめとする産業移転も行われたにもかかわらず、内陸地域の1人あたり工業生産額は、沿海地域のそれをはるかに下回っているのが明らかである。

図表2－6　地域別1人あたり工業生産額（1952－83年）

(元)

	1952年	1957年	1974年	1983年
全国	57.96	107.96	379.41	603.93
沿海地域	93.77	163.95	585.08	871.63
内陸地域	31.00	66.18	222.73	416.19

出所：劉樹成・李強・薛大棟編（1994）、p.335

　図表2－7は1978年時点の省別固定資産100元あたりの生産額を示したものである。順位から見ると、全国平均水準（73.96元）以上にある10地区の中、第10位の湖南省を除いて、第1位から第9位まではすべて沿海部に属し、逆に全国平均水準以下にある地区は、第12位の福建省と第14位の広西自治区以外は、すべて内陸部の地区である。最上位の上海ともっとも重視された四川省及び最下位の内モンゴルの格差はそれぞれ153.76元、167.28元に達している。沿海地域と内陸地域との生産効率に大きな格差があるのは一目瞭然である。集中投資にしても、産業移転にしても、内陸地域の生産効率が高められず、期待通りの結果が出なかった。

図表 2 − 7　省別固定資産100元あたりの生産額（1978年）
（元）

順位	地区	固定資産100元あたりの生産額	順位	地区	固定資産100元あたりの生産額
1	上海	203.16	15	湖北	57.42
2	江蘇	126.85	16	河南	57.21
3	天津	121.72	17	吉林	57.10
4	北京	108.15	18	江西	56.42
5	山東	89.82	19	甘粛	55.03
6	広東	80.90	20	陝西	50.09
7	遼寧	80.11	21	山西	49.72
8	浙江	78.71	22	四川	49.40
9	河北	77.91	23	寧夏	47.66
10	湖南	74.53	24	青海	39.93
11	黒龍江	69.72	25	雲南	39.78
12	福建	69.40	26	新疆	38.18
13	安徽	63.45	27	貴州	37.87
14	広西	61.57	28	内モンゴル	35.88

注：全国平均水準は73.96元。
出所：呉暁林(2002)、表 7 − 9

（2）国の開発重点とされたが、内陸開発の全国経済発展への貢献度が低かった。

　内陸地域に傾斜する経済開発政策は、内陸部における経済発展にあまり寄与できなかったばかりではなく、全国の経済成長に対する貢献度も低く、中国経済全体の犠牲をもたらした。世界銀行の研究グループの分析によると、沿海部と内陸部に大きな投資収益の格差が存在しているため、ほかの条件を一定とすれば、内陸部に投資した資本を収益性の高い沿海部に投資したとすれば、中国の経済成長を 2 ％以上高めることになるはずであるという（杜進1993）。

　まず三線地域への投資比率と全国GDPに対する三線地域の貢献度を見てみる。第 1 次 5 カ年計画期から第 4 次 5 カ年計画期まで、三線地域投資比率はそれぞれ28.59％、36.53％、36.53％、49.43％、39.91％に達したのに対して、三線地域工業の全国工業GDPへの貢献度は11.41％、24.40％、2.28％、20.23％、24.02％しかなく、全国投資の約半分を占めた第 3 次 5 カ年計画期では、三線地域工業の全国工業

GDPへの貢献度は20.23％しかなかった。三線地域GDPの全国GDPに対する貢献度も同様な状況である（図表2－8）。

図表2－8　三線地域投資比率と全国GDPに対する三線地域の相対的貢献度

	三線地域投資対全国比率	三線地域工業対全国工業GDP[1]	三線地域GDP対全国GDP[2]
一五期(1953-57年)	28.59	11.41	―
二五期(1958-62年)	36.53	24.40	30.43
調整期(1963-65年)	36.53	2.28	25.20
三五期(1966-70年)	49.43	20.23	22.32
四五期(1971-75年)	39.91	24.02	27.75
五五期(1976-80年)	―	28.81	34.73
六五期(1981-85年)	―	30.52	32.15

注：(1) 全国工業GDPに対する相対的貢献度＝（三線地域の次期間の年平均工業GDP－同地域前期間年平均工業GDP）÷（全国次期年平均工業GDP－全国前期年平均工業GDP）×100％。
(2) 全国GDPに対する相対的貢献度＝（三線地域の次期間の年平均GDP－同地域前期間年平均GDP）÷（全国次期年平均GDP－全国前期年平均GDP）×100％。
出所：呉暁林（2002）、表7－5、表7－6、表7－18より作成

次に、建国後から1970年代末までの沿海と内陸両地域の全国経済における比重を見てほしい。図表2－9は1952年と1978年の両地域の基礎指標を示したものである。沿海地域は、1978年の工業総生産額の割合は1952年より8.17％低かったが、すべての指標において、相変わらず高い水準を維持している。一方では、長期間にわたる集中投資と産業移転の結果として、内陸地域の工業総生産額の全国に占める比率は31.93％から40.10％まで上昇したが、GDPと財政収入の全国に占める比率はそれぞれ1.66％、11.2％減少した。1978年時点で、58.95％の人口を擁する内陸地域は、47.50％のGDPと35.24％の財政収入しか生産していなかった。

第2章　改革開放前の内陸重視政策

図表2－9　沿海地域と内陸地域の基礎指標

	沿海地域		内陸地域		全国に占める割合（％）			
					沿海地域		内陸地域	
	1952年(1)	1978年	1952年	1978年	1952年(2)	1978年	1952年	1978年
人口(万人)		39,337		56,499		41.05		58.95
工業総生産額(億元)	233.94	2,546.08	109.75(3)	1,704.74	68.07	59.90	31.93	40.10
GDP(億元)	311.02	1,818.32	300.73(4)	1,645.22	50.84	52.50	49.16	47.50
財政収入(億元)	85.01	619.47	73.70	337.02	53.56	64.76	46.44	35.24

注：(1)、(2)財政収入は1957年の数字。(3)、(4)はそれぞれチベットを含まない。
出所：国家統計局国民経済総合統計司編『新中国五十年統計資料彙編』より作成

　王在喆（2001）は、1952年から1989年までの沿海地域と内陸地域の累積蓄積率を比較し分析している（図表2－10）。沿海地域の蓄積率は全国平均より約7ポイント高くなっているのに対して、内陸地域は全国平均より約7ポイント低い。省別で見る場合、蓄積率上位6位を占めていたのはすべて沿海地域の地区である。また、生産額と使用額の差を見ると、沿海地域は7,408億元であるのに対して、内陸地域は－1,120億元である。中央集権型経済システムのもとでは、国民所得使用額はほとんど中央から地方へ再分配されている。したがって、生産額と使用額の差がマイナスになった場合、そのマイナス額は財政赤字に相当し、中央からの財政援助によって賄われるほかなかった（王在喆2001、p.79－80）。沿海地域と内陸地域の経済力の差及び内陸地域の中央財政への高い依存度が明白である。

図表2－10　沿海と内陸の蓄積率の比較（1952-89年）

1952－89年国民所得（億元）					
	生産額	使用額	消費額	蓄積額	蓄積率(%)	生産額と使用額の差
	A	B	C	D＝A－C	D／A	E＝A－B
全国	115,634.7	109,346.7	74,689.9	40,944.8	35.41	6,288.0
沿海	60,442.1	53,034.1	35,186.7	25,255.4	41.78	7,408.0
内陸	55,192.6	56,312.6	39,503.2	15,689.4	28.43	－1,120.0

出所：王在喆（2001）、表3－7を修正

(3) 地域均衡が目標とされたが、この目標が達成していなかっただけでなく、むしろ地域格差が拡大された。

　図表2－11は1952年と1978年の省別1人あたりのGDPを示したものである。図の左側にあるのは沿海部の11省自治区である。1952年、最大値（上海）436元と最小値（貴州）58元の相対格差は7.5倍であったのに対し、1978年になると、最大値（上海）2,498元と最小値（貴州）175元の相対格差は14.3倍まで拡大した。

　1970年代末までの30年間、内陸部の重点開発による地域間格差是正及び全国の均衡発展が地域政策の目標として掲げられていた。しかし、内陸部への傾斜投資と産業移転を行ったにもかかわらず、両地域間の経済力格差は縮小されなかった。そればかりか、むしろ格差は一貫して拡大してきた。その原因として、内陸部投資効率の低さ、各地域の比較優位の軽視と工業配置の分散による資源の無駄、市場観念の欠如と制度的要因などを挙げることができよう。[5]

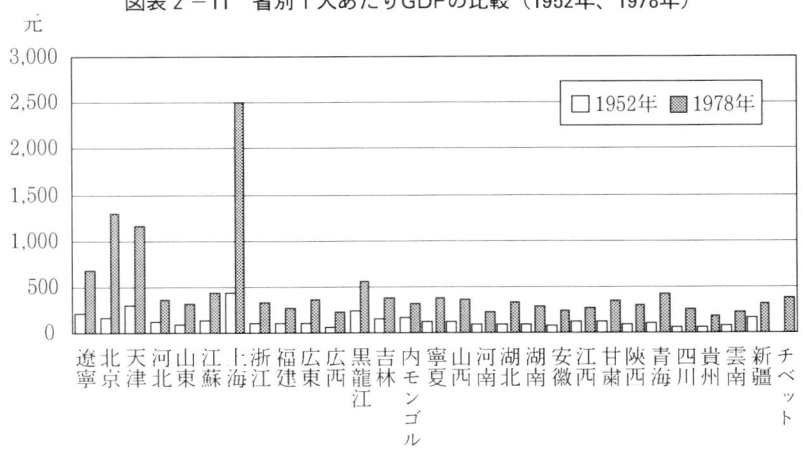

図表2－11　省別1人あたりGDPの比較（1952年、1978年）

注：チベットは1952年のデータがない。
出所：国家統計局国民経済総合統計司編『新中国五十年統計資料彙編』より作成

5．おわりに

　1966－75年（第3次と第4次5ヵ年計画期）における内陸地域への集中投資と産業移転は主に国防上の配慮によるものだとは言えるが、建国後から1970年代末までは、遅れている内陸地域の工業配置と経済開発を促進することによって、産業の沿海偏在を特徴とする地域不均衡を是正し、均衡のとれた地域発展をめざすことが、中国政府の経済政策の基本原則とされた。経済の均衡発展より国防目的の建設が優先される時期もあったが、1970年代末の改革開放路線への転換以前には、中央政府の開発重点は一貫して内陸地域に置かれた。高度中央集権の計画システムの下で、傾斜的に内陸部へ資金を投下し、またそれと同時に、先進地域である沿海部から大規模な産業移転を実施した。

　30年間続いたこの内陸重点開発政策の結果としては、内陸部における経済基盤がある程度できて、工業生産の地域分散化が進んだが、中央政府が重点開発を行ったにもかかわらず、期待された内陸地域における経済発展が得られず、目標とした沿海地域との格差是正も達成できなかった。それだけではなく、内陸重点開発、特に1960年代半ばからの三線建設の実施は、国家経済全体の成長に対する貢献も小さく、中国経済を崩壊の瀬戸際に追い込んでしまった。よって、1970年代末までの内陸重視政策は失敗したと言わざるを得ない。このような結果に基づいて、どのような示唆が考えられるのだろうか。

　地域間格差を縮小し、均衡のとれた地域発展及び国民経済の全体的な成長を実現するのが、すべての国に共通する経済発展の目標であろう。しかし、この目標を達成するために行われる地域開発戦略には違いがある。例えば、均衡発展戦略と不均衡発展戦略との対立は周知のとおりである。またこれはよく公平を重視する戦略と効率を重視する戦略との区別として論議される。すなわち、均衡発展戦略は、公平性の視点から立ち遅れた地域の開発を重視し、それをもって全国の均衡発展を実現しようとするものである。不均衡発展戦略は、相対的に進

んでいる地域の開発を優先させるのが全体的に効率的であるとする。言うまでもなく、1949年の建国から1970年代末までは、中国は立ち遅れた内陸地域に開発重点を置く均衡発展戦略をとった。

ハーシュマンをはじめとする多くの開発経済学者は不均衡発展戦略を強く主張している。ハーシュマンによれば、①経済成長は、地理的な意味では、必然的に不均衡なのであり、すべての地域の開発を同時に行い、全国における均衡的な発展を追求することが不可能で、かつそうする必要がない。②経済開発は、まず比較的進んでいる地域に成長拠点を設置し、成長地域の先行発展を促進しなければならない。③成長地域と後進地域との間に格差が生じてくるが、これは不可避なものであり、また成長地域から後進地域への経済成長の浸透効果によって、最終的には縮小されるのである（Hirschman 1958）。

ハーシュマンの学説は、1980年代以降の中国における沿海地域傾斜の不均衡発展戦略に当てはまるように思われるが、1970年代末までの地域均衡政策の結果は、逆にハーシュマンの不均衡発展論の有効性を証明できると言える。以上の1970年代末までの内陸重視政策の考察に基づいて、以下の諸点が指摘できると思う。

第1に、効率の視点から見ると、開発の初期においては、後進地域に主眼を置いて、優先的に投資し、開発を実施することが賢明な戦略とは言えない。地理的状況や技術的蓄積などの経済条件の差によって、後進地域における経済効率は比較的低く、たとえ多く投資しても、それによって後進地域の経済発展を促進し、先進地域との格差を縮小することができるかどうかは疑わしいし、全国の経済全体への波及効果と貢献度となるとさらに期待できないように思われる。言い換えれば、国全体の経済発展の効率性を考慮すれば、後進地域の優先開発を実施すべきではないと言えよう。

第2に、限られた開発資金を地域的に集中して投資すべきであり、また、集中投資は後進地域ではなく、比較的進んでいる地域に行うべきである。公平性を重要視する均衡発展戦略を取り、工業配置の地域

均衡化を目標とすれば、分散的な資金投下になりがちである。しかし、投資の地域分散化が必ずしも地域間での経済力格差縮小をもたらさない。むしろ、過度に分散する結果として、経済効率が低くなるのは避けられがたい問題である。

　第3に、地域間の均衡発展が理想的であるが、地域間の格差解消を焦るべきではない。格差はいろんな要因によって歴史的に形成されたものであり、解消するには一定の過程と時間が必要とされる。政策的に先進地域の発展を犠牲にして地域均衡の達成を追求すれば、先進地域をはじめとする経済全体の成長に悪影響をもたらす結果になることは免れがたく、また、たとえ形だけの均衡が実現されたとしても、それは低いレベルでの平等にほかならない。

　第4に、建国後から1970年代末までの経済開発がもたらしたもう1つの教訓を記しておきたい。それは、政治的性格の強さが、この時期における経済政策の失敗を招いた原因の1つであり、経済開発戦略を策定し実施するには、政治要素の妨害を排除し、経済の法則に従わなければならない。国家主導の経済開発は、比較的政治的な影響を受けやすいのである。しかし、経済合理性と効率観念を無視し、単に政治的必要性によって行われた投資と開発は、経済発展を促進することができないばかりか、経済発展を阻害することになるほかないのである。

注——
1）久保によれば、「国防面の要請とは、侵略を受けた場合、敵に占領され被害を受けやすかった沿海地域への工業生産設備の集中を避け、内陸地域に軍需工業を中心とする生産設備を分散配置する、という要請である」（久保1993、p.214）。
2）特に周恩来は1965年3月、第一線と第二線のプロジェクトを審議した際に長期の経済建設の視点から小三線建設の位置付けについて語り、それが「今後15年で形成しようとする全国の経済体系の一環であり、地域の経済発展に繋がるものである」と指摘し、さらに4月に中央書記処に出した報告書の中で、基本建設についてさし迫った戦争準備と長期の経済建設を結合させる考え方

を明確に示した。なお、1965年6月頃、毛沢東は建設の速度をコントロールすることを主張し、基礎工業と交通運輸の建設と新技術の開発に力点を移すよう催促した（呉暁林2002、p.174）。

3）これについては呉暁林（2002）と丸川（1993）が詳しい。例えば、丸川（1993）によると、毛沢東は、元の第3次5カ年計画案を葬り去るために、戦争の脅威を強調し、三線建設を行うことを主張した。また、1969年以降、三線建設がむやみに拡大されたのは林彪の影響力拡大という動機が背景にあったからである。

4）1980年代以前の内陸部への大規模な投資は、西部地域における発展の基礎を形成させたと同時に、その後の西部地域の開発を制約するような遺産も残した、という意見もある。すなわち、産業構造が過度に重工業に傾斜してしまったこと、企業の立地選択が極度に不合理であったことなどは、経済改革期の産業・企業の構造調整の制約要因となっているのである（中国社会科学院経済研究所中国西部開発研究グループ1994、p.178）。

5）制度的要因として渡辺ほか（1999）は計画的な資源配分システムによる内陸資源と沿海工業品価格の歪みを指摘している。すなわち、内陸地域は豊富な鉱物・農産物・エネルギー資源を擁するのに対して、沿海地域には、それらを加工する工業施設が集中している。改革開放以前の計画経済システムのもとでは、原材料価格は相対的に低価格に押さえられる一方で、加工品価格は高めに設定されていた。財と生産要素の価格に歪みがなければ内陸地域が獲得したであろう付加価値が、相対価格の歪みを通じて沿海地域に流出してしまったわけである（渡辺ほか1999、p.82）。

参考文献

王在喆（2001）『中国の経済成長』慶応義塾大学出版会
加藤弘之（2003）『地域の発展』名古屋大学出版会
久保亨（1993）「内陸開発論の系譜」丸山伸郎編『長江流域の経済発展』アジア経済研究所
呉暁林（2002）『毛沢東時代の工業化戦略』お茶の水書房
中国経営会計研究資料叢書編集委員会編（1994）『中国経営・経済関係資料集1949〜1992』愛知大学経営総合科学研究所
中国社会科学院経済研究所中国西部開発研究グループ（1994）「西部地域の開発と発展」丸山伸郎編『90年代中国地域開発の視角』アジア経済研究所

杜進(1993)「中国経済の市場化と地域政策の課題」石原享一編『社会主義市場経済をめざす中国』アジア経済研究所

日本国際問題研究所・中国部会編(1970)『新中国資料集成』第4巻財団法人日本国際問題研究所

丸川知雄(1993)「中国の「三線建設」(Ⅰ)(Ⅱ)」『アジア経済』第34巻第2号、同第3号

劉樹成・李強・薛天棟編(1994)『中国地区経済発展研究』中国統計出版社

渡辺利夫ほか(1999)『図説中国経済』日本評論社

Hirschman, A.O. (1958), The Strategy of Economic Development, New Heaven : Yale University Press（麻田四郎訳『経済発展の戦略』厳松堂1961年）

第3章　改革開放の始まりと沿海地域傾斜政策
　　　——経済特区と沿海開放都市の展開

1．はじめに

　改革開放とは、中国国内体制の改革と対外開放政策のことであるが、その始まりは1978年12月に開催された中国共産党第11期3中全会（第11期中央委員会第3回全体会議）であった。その前の30年間には、計画経済システムの下で公平性を重視した内陸重点開発政策が実施され、経済発展が阻害されていた。疲弊した中国経済を立て直すため、「先富論」という理論の下で、経済発展の条件に恵まれた東部沿海地域の優先発展を追求する地域傾斜政策が行われた。沿海省市に経済特区や沿海開放都市、沿海経済開放区が相次いで設置され、外資の積極導入が奨励された。それと同時に、人民公社の解体や、企業自主権の拡大、所有制と経営形態の多様化などが行われ、市場経済への移行が推進された。その結果、東部沿海地域は急速な発展を遂げており、中国の経済成長の牽引力となった。沿海部で奏功した改革開放政策は内陸部にも拡げ、全面的な開放が実現されたが、沿海部と内陸部の間に深刻な経済格差が生じ、国内外から懸念されることとなった。

　本章では、中国における初期の改革開放の中心内容であった沿海地域傾斜政策を振り返り、その背景、内容、特徴、問題点を概観し、併せてその地域格差拡大とのかかわりについて分析したい。

2．沿海地域傾斜政策の背景
(1) 内外における地域開発経験の示唆

　中国における産業立地は、1949年の中華人民共和国成立時には極めて偏ったものであり、工業生産の大部分が沿海の一部地域に集中していた。政府はこうした状況を是正する必要があると認識し、早くも19

50年代から立ち遅れた内陸地域の開発が重視された。1970年代末の改革開放路線への転換以前には、中央政府の開発重点は一貫して内陸部に置かれており、高度中央集権の計画システムの下で、傾斜的に内陸部へ資金を投下し、またそれと同時に、沿海部から内陸部への大規模な産業移転を実施した。

しかしながら、30年間続いたこの地域均衡政策の結果としては、内陸部における経済基盤がある程度できたが、期待された内陸地域における経済発展が得られず、目標とされた沿海地域との格差是正も達成できなかった。それだけではなく、内陸重点開発、特に1960年代からの産業の内陸移転を特徴とする三線建設の実施は、国家経済全体の成長に対する貢献も小さく、中国経済を崩壊の瀬戸際に追い込んでしまった。この教訓は、中国にとって極めて深刻なものであった。

一方、戦後復興期の日本においては、経済発展を最優先課題とし、戦前からの産業集積をもつ太平洋沿岸4大工業地帯（京浜、中京、阪神、北九州）の開発が注目されてきた。1960年、「国民所得倍増計画」が閣議決定され、高度成長政策が本格的にスタートした。この所得倍増計画に基づいて、産業立地構想として、4大工業地帯を連ねるベルト状の太平洋沿岸を工業立地の中核とする「太平洋ベルト地帯構想」が提起された。具体的に言えば、この構想は、「所得倍増計画期間（1961－70年）の10年間における産業の立地が、主として千葉県から中部、近畿を通って山口県、福岡県（北九州）へ至る、いわゆる太平洋ベルト地帯に集中する傾向があることを見定め、これを機軸にして他地域の開発を考えることが、所得倍増計画の期間中においては、経済的に効率的な方策であり、地域開発的にみても最も望ましいものである」というものであった（蓼沼1991、p.19）。

この構想の中心から取り残された後進地域から批判と反対が続出したので、1962年に策定された「全国総合開発計画」は、拠点開発方式を打ち出して工業の地方への分散を図ろうとしたが、その施策として実施された新産業都市及び工業整備特別地域の指定においては、やは

りその対象地域の多くが太平洋ベルト地帯に位置するのである。また、産業基盤投資の地域配分から見ると、ベルト地帯における公共投資のシェアが高水準で推移し[1]、太平洋ベルト地帯構想が産業の配置だけでなく、公共投資の地域配分にも反映されている。こうしたなか、太平洋ベルト地帯における産業集積がますます進み、日本の工業生産の80％がこのベルト地帯に集中してきたのである。

日本のこの例が中国にたびたび引用され、「まず条件のある成長ポテンシャルの高いところから発展を先行させるべきという不均衡論」のよい手本として見受けられることとなった（丸山編1992、p.33）。

このように、国内（内陸重点開発の失敗）と国外（日本における太平洋ベルト地帯構想の進展）における失敗と成功の両方の経験が目の前にあって、沿海地域傾斜政策はそれらを踏まえた現実的な選択であったと言えよう。

(2) 不均衡発展理論の影響

中国の研究者の報告によれば、内陸重視の地域均衡発展戦略の失敗を反省し、行き詰まりを打開する道を求める中国政府は、ハーシュマンの不均衡発展理論を参考にし、地域不均衡成長の発展モデルを採用していたのである（崔毅・邱丕群・傅如一2001、p.62、総合研究開発機構1990、p.20）。ハーシュマンによれば、すべての地域の開発を同時に行い、全国における均衡的な発展を追求することが不可能であり、かつそうする必要がない。経済開発は、まず比較的進んでいる地域に成長拠点を設置し、成長地域の先行発展を促進すべきであるという。

一方、沿海地域傾斜政策の重要な理論根拠として、鄧小平の「先富論」の影響が大きかった。「先富論」の主な内容は、次の3点にまとめることができる。①社会主義の道を歩む以上は、最終的には共に豊かになることを目指さなければならない。しかしながら、各地域の均衡発展は不可能であり、そのようにしてはいけない。②2億人の人口を擁する沿海地域をまず発展させ、内陸部の発展を帯同させる。これ

は大局にかかわる問題であり、内陸部はこの大局に従わなければならない。③沿海地域の発展が一定の段階まで到達した時、今後は沿海部が内陸部の発展を助ける必要がある（鄧小平1993）。言わば「先富論」は、合理的な範囲での所得格差の発生を是認し、条件の整った一部地域を優先的に発展させ、先に豊かになった地域が後進地域の発展を支援することによって、最終的には共同富裕を達成するというものであり、まさにハーシュマンの不均衡論の中国バージョンであるかのように思われる。

　鄧小平による「先富論」の提唱と同時に、中国の学界においては、「梯子理論」が活発に議論されていた。「梯子理論」とは、「先進技術」、「中間技術」、「伝統技術」という技術レベルの違いを地域ごとの経済発展レベルに結びつけ、先進地域から後進地域への段階的な発展の波及をめざすものである。この理論によれば、中西部内陸地域は資源が豊富であるが技術力が低く、資金も不足しているため、大多数が「中間技術」地帯であり、一部は「伝統技術」地帯である。他方、東部沿海地域は「先進技術」をもち、経済力も大きい地域である。このように、東部、中部、西部の順で技術レベルに梯子状の格差があることを前提としたうえで、経済発展の空間的・時間的順序として「先進技術」地帯から「中間技術」地帯、さらに「伝統地帯」へと徐々に技術移転を進めるのがよいとするのである（加藤1997、p.247）。鄧小平の「先富論」を正当化した理論の1つとして、この「梯子理論」は一時的に大いに注目されていた。

　要するに、ハーシュマンの不均衡発展理論、鄧小平の「先富論」、中国学界の「梯子理論」のいずれからも先進地域（沿海地域）の先行発展が謳われており、沿海地域傾斜政策は当時における地域発展理論の帰結であったと言ってよい。

(3) 沿海地域の優位性に対する認識

　地域開発理論によれば、地理的条件など初期条件の違いが、地域発

第3章　改革開放の始まりと沿海地域傾斜政策

展に影響する重要な要因であり、海へのアクセスが欠如している内陸部と比較して、沿海部及び河川交通によって沿海部と結びついている地域は、発展の優位性をもつという（加藤2003、p.8）。

　中国もその例外ではない。中国の地形構造は西高東低型であり、国土総面積の約7割近くを占める山間部、高原、丘陵地帯の大半が中西部地域に偏在し、平原はほとんど東部沿海地域に集中している。一方では、人口の分布状況は地形構造と対照的に東高西低型であり、西部の人口密度を1とすれば、中部と東部のそれはそれぞれ3と8となっている。鉄道や道路、通信などのインフラの整備も沿海部が比較的進んでいる。中華人民共和国が成立した時、全国工業生産の70％が沿海地域に集中し、建国後30年にわたって内陸部重点開発を行ったにもかかわらず、1970年代末、沿海地域の工業生産は依然として全国の60％を占めていたのである。

　貿易や海外直接投資を通じて経済発展を図る場合、沿海地域の優位性はさらに重要となる。前述した日本の太平洋ベルト地帯構想の一因として、太平洋沿岸の方が資源を輸入することも加工・処理することも容易だという見方をしたことが挙げられる（下河辺1994、p.72）。1970年代末までの長い間、対外的には閉鎖的な政策をとり続けていた中国にとっては、外国から資本、技術、管理のノウハウを吸収することが極めて必要であり、またそのような好機に恵まれていた。

　当時においては、先進工業国は産業構造の転換に迫られ、労働集約型産業が生産コストの安い地域に移動しつつあり、豊富で低廉な労働力資源をもつ中国にとっては外国資本を導入する有利な機会となっている。地理と交通の便がよく、インフラも比較的整備されている沿海地域は、計画的に国際市場に進出し、さらに国際交流と国際競争に参加し、「外向型経済」（輸出志向型経済）の発展に力を入れなければならないと中国政府から強く認識されており、これを背景に趙紫陽総書記（当時）が有名な「沿海地域経済発展戦略」を提唱したのである[2]。つまり、中国の経済発展を図るためには、沿海地域を前面におしだし、そ

の優位性をいかさなければならないということである。

3．沿海地域傾斜政策の展開

　改革開放路線の採択によって、これまでの公平性を重視した地域政策は修正された。その政策は、経済発展の上で有利な条件を備えている地域が先に豊かになることを認め、政策的にそれを推進しようとする地域傾斜政策であり、沿海地域と内陸地域の経済収益の水準には大きな格差があることから、沿海地域の発展を促進することが国全体の発展を速めることになるという、いわば効率性を重視した地域発展戦略である。

(1) 地域傾斜政策の概要

　地域傾斜政策の第1は、第7次5カ年計画における3地域区分及び沿海地域傾斜政策の打ち出しである。

　1981年に始動した第6次5カ年計画（1981-85年）において、「沿海部の現有の基礎を利用し、内陸部の一層の経済発展を率い動かす」という方針が示され、沿海地域重視の意思がすでに現れてきた。第7次5カ年計画（1986-90年）は、地域政策としてはじめて全国を「東部沿海地帯」、「中部地帯」、「西部地帯」という3地域に区分し、地域経済を発展させるために、3地域間の関係を正しく処理し、各地域の特長を活かし、さらに地域間の経済連携を促進する必要があると提起した。

　具体的には、「東部沿海地帯」は沿海部の11省市自治区、「西部地帯」は西部の9省自治区からなり、ほかの省自治区は「中部地帯」となるとしたうえ、「東部沿海地帯の発展テンポを加速し、エネルギー、素材産業の建設の重点を中部地帯におき、西部地帯には開発のための準備を進めていく」という地域傾斜政策の方針を明確に打ち出しており、さらに「東部沿海地帯」は経済特区、開放都市及び経済開放区の発展を促進し、そこにおいては扇の要のように海外から新しい技術や情報を導入し、それを全国に波及する効果を果たすこととされたのである。

第2は、経済特区、沿海開放都市、沿海経済開放区などの設置である。

1980年、広東省の深圳、珠海、汕頭と福建省の厦門における「経済特区」の設置が国務院から認可された。1984年には、大連、秦皇島、天津、煙台、青島、連雲港、南通、上海、寧波、温州、福州、広州、湛江、北海の14の東部沿海都市が国務院から「沿海開放都市」に指定された。また1985年、国務院は珠江デルタ、長江デルタと閩南（福建省南部）デルタの3地区を「沿海経済開放区」として指定した。さらに1988年、海南島が広東省から分離して省に昇格し、全島が経済特区として指定され、遼東半島、山東半島、河北省渤海湾の秦皇島・唐山・滄州地区と広西チワン自治区の一部が沿海経済開放区となった。そして1990年、上海浦東地区の開放・開発計画が大都市再開発の国家プロジェクトとして国務院から承認された。このように、開放される地域が徐々に拡大し、東部沿海地域には経済特区、沿海開放都市、沿海経済開放区からなる多層的な経済発展地域が形成された（図表3-1）。

これらの経済特区、沿海開放都市、沿海経済開放区は、インフラの整備、投資環境の改善に伴って、工業を重点に第1次産業から第3次産業までを包括する総合的な経済開発地域である。その開発を促進するため、①外国投資企業を主とする多様な経済所有制の共存を認めること、②外資企業に対して税制の優遇や出入国面での便宜を与えること[3]、③経済活動は市場調節を主とすること、④該当地域の政府はより大きな経済自主権を持つことなど、多くの優遇政策が実施された。

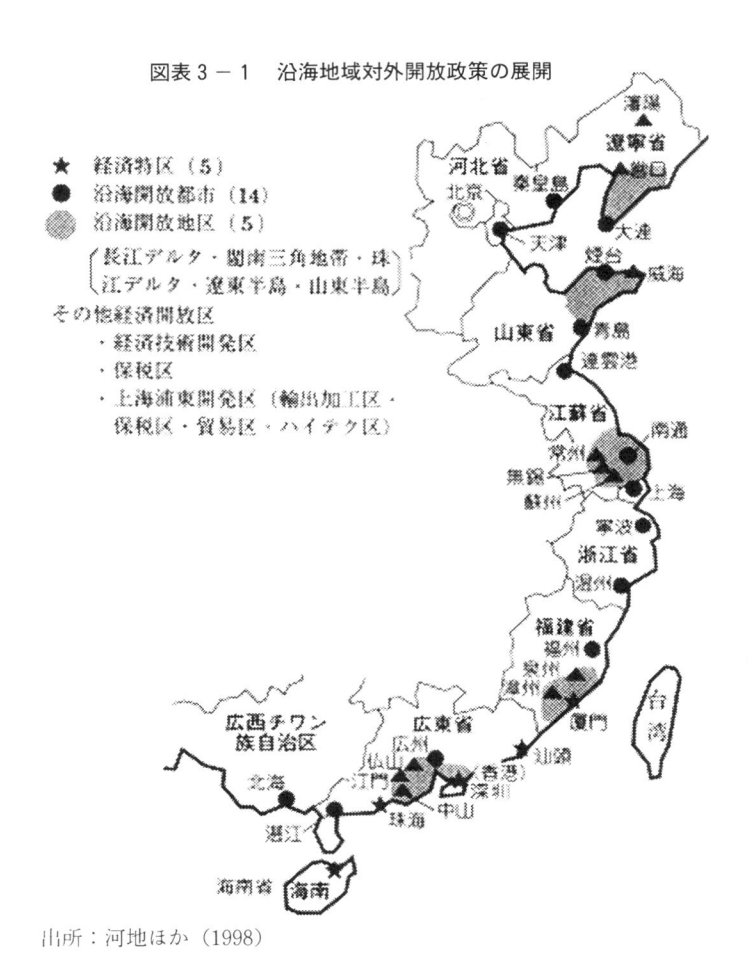

図表3－1　沿海地域対外開放政策の展開

★　経済特区（5）
●　沿海開放都市（14）
●　沿海開放地区（5）
〔長江デルタ・閩南三角地帯・珠江デルタ・遼東半島・山東半島〕
その他経済開放区
　・経済技術開発区
　・保税区
　・上海浦東開発区（輸出加工区・保税区・貿易区・ハイテク区）

出所：河地ほか（1998）

　第3は、沿海地域への傾斜投資である。
　図表3－2は国の沿海部と内陸部への投資の配分を示したものである。1970年代末まで、内陸部への投資は一貫して沿海部を大幅に上回っていたが、第6次5カ年計画期から状況が一変し、沿海部への投資が内陸部を超え、さらに第7次5カ年計画期に、沿海部への投資は全体の51.7％を占めた。1953－78年間、全国基本建設投資の35.7％しか占めなかった沿海地域（内陸地域55.2％）は、1979－90年間では、そのシェアは内陸地域（43.2％）より6.7％高く、49.9％に達していた。

第 3 章　改革開放の始まりと沿海地域傾斜政策

　また固定資産投資（基本建設投資に固定資産の改造のための更新改造投資を加える）から見ると、1982－90年間、沿海地域は全国固定資産投資の54.6％を占めており、内陸地域（41.0％）より13.6％高く、国家投資の東部沿海地域への傾斜は明らかである。1990年以降も沿海地域への重点投資が続いており、1995年、全国固定資産投資額に占める沿海地域のシェアは65.93％に及んだ。

図表 3 － 2 　沿海地域と内陸地域の基本建設投資配分（1953－90年）

時　　期	沿海地域	内陸地域	未区分地域	沿海：内陸
第 1 次 5 カ年計画期（1953－57年）	36.9	46.8	16.3	1：1.27
第 2 次 5 カ年計画期（1958－62年）	38.4	56.0	5.6	1：1.46
調整期（1963－65年）	34.9	58.3	6.8	1：1.67
第 3 次 5 カ年計画期（1966－70年）	26.9	64.7	8.4	1：2.41
第 4 次 5 カ年計画期（1971－75年）	35.5	54.4	10.1	1：1.53
第 5 次 5 カ年計画期（1976－80年）	42.2	50.0	7.8	1：1.18
第 6 次 5 カ年計画期（1981－85年）	47.7	46.5	5.8	1：0.97
第 7 次 5 カ年計画期（1986－90年）	51.7	39.9	8.4	1：0.78

注：(1)基本建設投資は、固定資産の新規建設に用いられる資金である。
　　(2)未区分地域の投資は、省を超えた鉄道、郵便、電力などのプロジェクトや航空機、船舶、列車などの統一購入などに用いられる資金である。
出所：国家統計局固定資産投資統計司編『中国固定資産投資統計資料1950－1985』、『中国統計年鑑』各年版より作成

　第 4 は、沿海地域地方政府自主権の拡大である。
　まず1979年に、広東、福建の 2 省に対して、財政請負の導入、輸出獲得外貨の一部の地方留保、対外経済活動面での自主権拡大を中心とする「特殊政策、弾力的措置」の実施が講じられた。その後、経済特区、沿海開放都市、沿海経済開放区の設置に伴って、これらの地方の政府にそれぞれ以下のような自主権を与えることになった。
　①地方財政請負制度の導入。改革前の中国の財政管理体制は、「統収統支」という、中央政府が中央・地方財政双方の収入・支出を統一的に管理するシステムであった。1980年から、比較的豊かな地域の財政収入増大の意欲を高めるため、地方財政請負制度が導入された。地

方政府が得られた財政収入の一部を中央政府に上納し、その残りを地方政府が独自に管理し、自由に支出できることになった。

②固定資産投資の権限委譲。中央の国家計画委員会が審査し認可するプロジェクト投資限度額は、1985年に従来の1,000万元以上から3,000万元以上に引き上げられ、さらに、経済特区において、5,000万元以下の重工業プロジェクトについては、各特区政府が自主的に審査・認可できることになった。

③内陸部より高率の外貨留保比率の設定、金融機関に対する規制の緩和、深圳証券取引所と上海証券取引所の設置、外資優遇の特別政策、土地利用に関する地方法規、地域産業や技術進歩を促進するための政策など。

4．沿海地域傾斜政策の効果
(1) 沿海地域経済の急速な発展

沿海地域傾斜政策の成果として、まず沿海地域の経済は急速な発展を遂げてきた。

図表3－3は、改革開放前後の全国平均値以上の各省の国民収入年平均成長率を示したものである。1978年以前、北京（12.5％）、上海（8.7％）、天津（7.4％）3直轄市と東北の遼寧（7.3％）、黒龍江（6.3％）が全国の経済発展の先頭に立った。それは、これらの地区には旧体制から引き継いだ産業基盤が集中していることと1950年代国からの投資が多かったことが理由に挙げられる。改革開放以降、状況が大きく変わってきた。対外開放、地域傾斜政策、市場化などに恵まれた沿海部の浙江、広東、福建、江蘇、山東5省が急速な発展を遂げ、中国の経済成長センターとなってきた。浙江（5.7％から11.9％へ）、広東（5.3％から11.5％へ）、福建（5.4％から11.0％へ）、江蘇（5.6％から10.5％へ）、山東（5.7％から10.0％へ）5省の成長率はいずれも10.0％を超え、全国平均である8.4％を大きく上回っている。

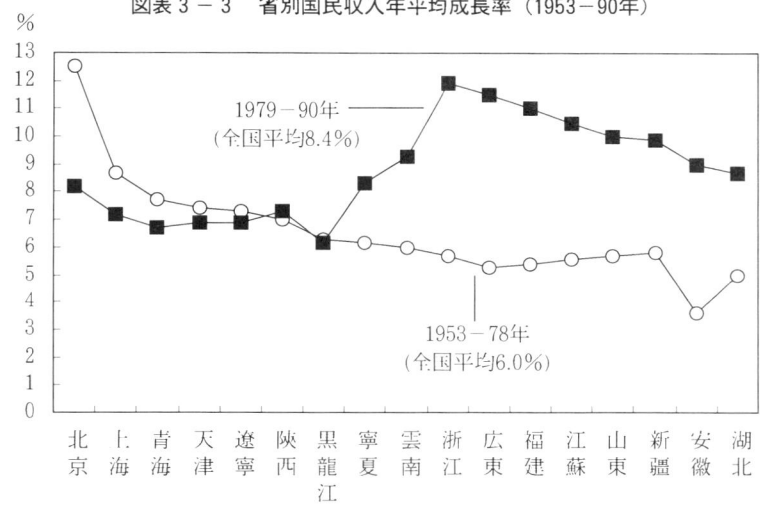

第３章　改革開放の始まりと沿海地域傾斜政策

図表 3 − 3　省別国民収入年平均成長率（1953−90年）

1979−90年（全国平均8.4％）

1953−78年（全国平均6.0％）

北京　上海　青海　天津　遼寧　陝西　黒龍江　寧夏　雲南　浙江　広東　福建　江蘇　山東　新疆　安徽　湖北

注：中国の「国民収入」は、農業、工業、建築業、運輸通信業、商業（対外貿易を含む）の５つの物的生産部門の生産額の総和であり、サービス業など非物的生産部門や固定資本の減価償却額を含まない。
出所：劉樹成・李強・薛天棟編（1994）より作成

　GDPから見ると、1985年から1995年の10年間、東部沿海地域は年平均13.3％という高い経済成長率を達成した。1998年の東部沿海地域の１人あたりGDPをドル換算すると1,150ドルになり、世界銀行の基準ではすでに中所得国に達している。

　沿海地域傾斜政策は沿海地域の経済発展にどうかかわっているだろうか。Demurger（2001）は、各地域の予測された１人あたりGDP成長率と全国平均とのギャップを計算し、このギャップをさまざまな構成要因に分解して考察している。図表 3 − 4 はその分解結果の一部を示したものである。原文では23の省市自治区のデータが取り上げられているが、図表 3 − 4 では代表として東部から広東、江蘇、中部から湖北、黒龍江、西部から四川、寧夏、計 6 地区を取り出している。

　この表から次のことがわかる。①全国平均を大きく上回る東部（広東、江蘇）の成長率から、沿海部における経済発展が断然リードして

いることが強く印象付けられる。②優遇政策のシフトが沿海部の経済成長にもっとも貢献しており、それに次いで広東では外国直接投資が、江蘇では集団企業がそれぞれ成長に貢献を果たしていたが、これらも沿海地域傾斜政策による対外開放と市場化の進展の結果と見てもよいであろう。③農業や交通インフラ、通信インフラの発達が沿海部経済成長の重要な要因であり、沿海地域の初期条件における優位性が明らかである。

図表3－4　成長率ギャップの分解（1985－98年）

	江蘇	湖北	黒龍江	四川	寧夏
成長率ギャップ	2.97　2.25	－0.31	－1.71	－0.72	－2.14
固定的効果	2.64　1.60	－0.66	－0.38	0.68	－3.12
初期GDP	－8.50　－10.63	－1.51	－5.51	4.79	0.65
投資	0.22　0.52	－0.90	－0.48	－0.67	3.24
教育	－0.54　1.80	0.74	5.96	－3.12	－0.23
農業	2.49　3.16	－0.99	1.60	－1.23	1.30
集団企業	0.29　3.05	0.44	－1.13	－0.04	－1.39
外国直接投資	2.00　0.37	－0.21	－0.24	－0.30	－0.38
都市化	1.27　0.06	0.66	0.54	－0.31	－0.49
交通インフラ	1.79　1.67	2.14	－2.34	－0.10	－1.82
通信インフラ	1.31　0.65	－0.04	0.26	－0.43	0.10

注：固定的効果とは、沿海地域への優遇政策のシフトを表す。
出所：加藤（2003）、表2－3

　このように、1998年までに限って言えば、沿海地域の急速な経済成長に対して、沿海地域傾斜政策はもっとも重要な要因であると考えられる。

(2) 中国経済の高度成長

　沿海地域における急速な経済発展は、全国経済発展の牽引役となり、それを中心に、中国の経済は目覚しい成長を遂げた。つまり、改革開放以降、内陸部を含めて、中国経済全体の高度成長が注目されている

が、それは主に沿海部の発展に支えられているのである。

　周知のように、改革開放以来、中国経済高成長の原動力は主に固定資産投資や外資導入、輸出にある。図表3－5は、1985年から2000年間全国のGDP、固定資産投資、外資導入額、輸出入総額における3地域のシェアを示したものである。4項目のいずれにおいても、沿海地域が圧倒的な比重を占めているのが明瞭である。

　①GDP総額における東部沿海地域のシェアは、1985年の52.81％から、1990年53.79％、1995年58.33％、2000年59.40％と着実に上昇し、中西部との格差（東部：中西部）は、1985年1.12：1、1990年1.16：1、1995年1.40：1、2000年1.46：1と拡大し続けている。

　②固定資産投資においては、改革開放以降、東部沿海地域への傾斜投資が国から実施し続けられ、そのシェアは、1985年52.73％（東部：中西部＝1.12：1）、1990年59.06％（同1.44：1）、1995年65.93％（同1.93：1）と年々増大し、2000年には60.62％（同1.54：1）と縮小した。

　③東部の外資導入額（実際利用額）におけるシェアは、1985年90.05％（東部：中西部＝9.05：1）、1990年88.55％（同7.73：1）、1995年85.53％（同5.91：1）、2000年88.07％（同7.38：1）と圧倒的なものであり、1995年はやや縮小したが、2000年には再び上昇した。

　④輸出入総額においても、東部のシェアは、1985年82.86％（東部：中西部＝4.83：1）、1990年81.52％（同4.41：1）、1995年87.39％（同6.93：1）、2000年92.53％（同12.38：1）と中西部のそれをはるかに凌駕し、外資導入と並んで、中国の対外経済の中核となっている。

　このように、沿海地域傾斜政策の実施及びそれによる沿海地域の急速な発展は、中国国民経済の成長に寄与するところが極めて大であり、それが行われなければ、東部沿海地域における急速な経済発展は言うまでもなく、1980年代以来の中国経済の高成長も実現できなかったに違いないと考えられる。

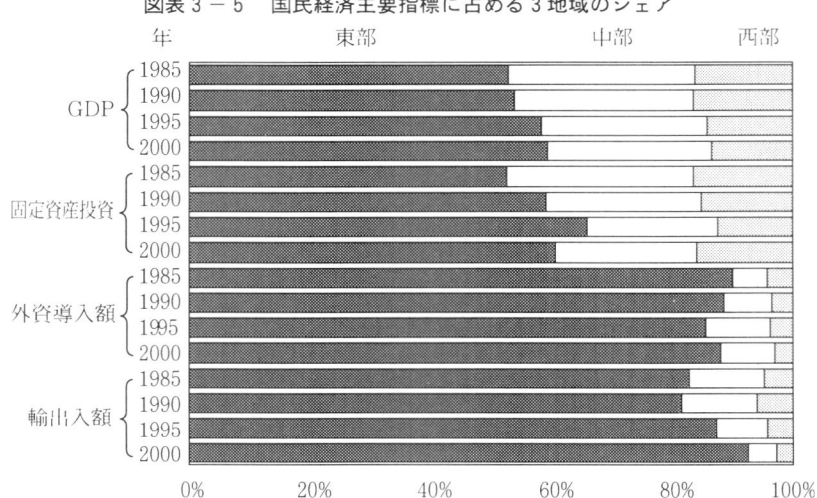

図表3-5　国民経済主要指標に占める3地域のシェア

注：外資導入額は実行ベースである。
出所：国家統計局編『改革開放十七年的中国地区経済』、平田（2002）より作成

5. 沿海地域傾斜政策の特徴と問題点

　1980年代から1990年代半ばまでの中国地域政策は、以下の特徴がみられる。

　第1に、東部沿海地域に対する傾斜政策の内容は、主に貿易と外資導入政策における優遇措置であり、傾斜的政策の推進によって、経済特区から沿海開放都市、沿海経済開放区へと、点から面へと拡がっていった。東部沿海地域はもともと一定の経済基盤を持っていたため、外国から資本、技術、経営ノウハウを導入することによって、輸出を中心とした外向型経済の発展を促進し、地域経済力の成長及び全国経済への波及効果が期待された。政策の実行においては、これまでに経験がなかったため、まず地域で部分的に実験し、成功してから次第に他の地域に推進していく、いわば漸進的な方式をとることとなった。

　第2に、地域経済発展の促進に当たって、地方分権化が次の2つの方向に沿って進められた。まず1つは、地域開発における政策決定権

第3章　改革開放の始まりと沿海地域傾斜政策

を中央政府から地方政府へ移管し、地方政府は地方独自の政策法規を策定する権限が与えられた。もう1つは、計画経済時代は、中央政府が投資を集中的に管理しており、投資主体は国であり、投資方式も国が決定していた。改革開放に伴って、中央政府から地方政府に権限委譲が行われ、投資主体と投資方式の決定権も与えられた。

次に、地域傾斜政策には、以下のような問題点が指摘できる。

第1に、東部沿海地域を対象とした地域傾斜政策は、外資導入と対外貿易の躍進をはじめとする、インフラ整備、雇用の増加、都市人口の増大など地域経済全体の活発化と急速な発展を促進し、中西部地域との経済格差の拡大をもたらした。3地域ごとの経済成長率は、1985年から1995年の年平均で、東部13.3％、中部9.9％、西部10.2％といずれも高い伸び率を達成した。しかし、GDPの全国構成比はこの10年間に東部が6.6％上昇したのに対し、中部と西部がそれぞれ4.1％、2.5％減少する結果となり、東部と中西部間の成長率格差が拡大した2)。また、3地域の経済指標を比べてみると、1985年の時点で、固定資産投資額、工業総生産額、GDP総額、一人当たりGDPは、東部と中西部の比はそれぞれ1.11：1、1.57：1、1.18：1、1.69：1であったが、1995年においては、それぞれ1.93：1、1.94：1、1.40：1、2：1まで拡大した。

第2に、地方分権化の拡大は地域開発の促進において多大な役割を果たしたが、その一方では、自地域の利益のみを重視して他地域と国全体の利益を顧みないような地域保護主義の台頭を助長した。その具体的な表現として次の2点が挙げられる。1つは、地方政府は、地元の短期経済利益を追求するために、製品価格が比較的高い特定製造業に資金を集中的に投入し、製造業における重複した施設建設と同類産品の生産への一斉参入という産業構造の同一化傾向が現われてしまい、国民経済全体の効率及び資源配置に悪影響をもたらした。もう1つは、地方政府は、地元市場を保護するために、他地域からの商品の流入と自地域からの原材料やエネルギーの流出を制限するような厳格な市場

封鎖を行い、広域的な市場拡大ではなく、地域分断市場が形成されることとなった。

6．沿海地域傾斜政策と地域格差の拡大について

これまでの研究の多くは、沿海地域傾斜政策が地域間の格差拡大をもたらしたことを強調し、この政策のマイナス効果ばかりに焦点をあてている。確かに改革開放後の中国では、沿海部と内陸部との格差が広がり、またその要因の1つとして中央政府の地域政策を挙げることができる。特に傾斜的な優遇政策の実施によって、沿海地域における市場化の進展、外国直接投資の活発化とそれに伴う輸出の拡大が実現し、これらは沿海地域経済発展の原動力となったのである。しかしながら、地域格差の問題をもっと広く見なければならないし、地域格差の拡大によって沿海地域傾斜政策を否定することができないと考えられる。

(1) 沿海地域傾斜政策は地域格差拡大のすべての原因ではない

地理的・歴史的な原因で中華人民共和国成立の時点において沿海部と内陸部との間にはすでに大きな地域格差が存在し、また1970年代末まで内陸部傾斜の地域政策が実施されていたにもかかわらず、格差は一貫して拡大傾向にあったのである。従って1980年代以降の沿海地域傾斜政策を行わなかったとしても、地域格差は縮小されていなかったであろう。むしろ内陸部における経済成長も1980年代以降顕著な進展が見られるのである。1979－86年の間、中部と西部の年平均成長率はそれぞれ8.54％、8.67％に達しており、1953－78年の6.4％、6.83％を大きく上回っている（総合研究開発機構1990、p.5）。

(2) 沿海地域傾斜政策の究極の目的は全国の共同富裕にある

前述したように、鄧小平の「先富論」は沿海地域が先に豊かになることを必要とする一方、豊かになった沿海地域が遅れた内陸部の発展

第3章　改革開放の始まりと沿海地域傾斜政策

を支援することを通じて共同富裕を期待していた。地域傾斜政策を採ったのは、効率重視の視点から、条件のよい沿海地域の優先的発展が全国の発展を喚起すると考えられたからである。また全国の共同発展が実現するまでには、一定の時間が必要であり、地域不均衡が一時的に存在することはやむを得ないと認識されている。ここからわかるように、沿海地域傾斜政策は、一定の時期に限定された戦略的方策であり、中国の長期的地域均衡発展戦略の一環として位置付けられている。

　2000年に打ち出された「西部大開発」に続き、2003年に東北地域の再生を図る「東北振興」、2005年に中部地域開発の促進を目標とする「中部崛起」が中央政府から次々と提起され、後進地域開発に向けた取り組みが本格化している。また2006年3月に採択された第11次5カ年計画（2006－10年）の中でも、「地域間の調和のとれた発展」が主要課題の1つとされたのである。

(3) 沿海地域から内陸地域への波及効果を複眼的に見る必要がある

　これまでの沿海地域から内陸地域への波及効果に関する研究は、ほとんど産業連関分析による需要誘発効果に限定している（陳光輝1998、日置2004、向山2005）。しかし、これはあまりにも一方的であり、中国のような市場化が遅れている国では、図表3－6でも示されているように、以下の点から多角的に見なければならないと考えられる。

　①沿海地域による内陸地域に対する買い付け（需要誘発効果）

　これについて、日置（2004）は、最終需要誘発生産額と産出乗数に基づいて分析し、有益な指摘をしている。それによれば、最終需要誘発生産額・産出乗数のいずれであれ、沿海地域から内陸地域への波及効果の全体的規模について看取できる結果はほぼ同じであり、全波及効果のうち1割強が内陸地域へ及んでいる（そのうち中部地域へ多くが集中している）という。

　②沿海地域から内陸地域への投資と技術移転

　ばらばらなデータしか挙げられないが、2000年3月から11月まで、

57

広東省の民間企業が西部地域に35件で7.65億元の投資を実施し、2000年から2002年の間、浙江省から327の民間企業が西部地域に投資し、投資額は170億元に及んでおり、一方、内陸部の重慶市は2000年から2001年の間東部企業から62.4億元、四川省は2002年1月から6月まで東部企業から152.34億元を導入したと報告されている（陸立軍・鄭燕偉2004）。総じて東部企業による内陸部への投資が増加しつつあり、東部における生産コストの上昇や国からの促進策などの要因もあって、今後、さらなる盛り上がりが期待されている。

③沿海地域による内陸余剰労働力の吸収及びそれに伴う沿海地域から内陸地域への所得移転

1997年から2000年の4年間、沿海部に吸収された内陸農村労働力の人数はそれぞれ1,038.0万人、1,284.4万人、1,505.8万人、2,034.0万人に達し、この4年間に、それぞれ274.97億元、357.93億元、484.54億元、665.60億元が沿海部の内陸農村出稼ぎ者から故郷へ送られた。なお、1人あたりの送金額は、中部地域農村住民1人あたり年間収入の1.3－1.5倍、西部地域農村住民1人あたり年間収入の1.8－2.1倍に及ぶという。このように、内陸農村余剰労働力の沿海地域への流入（出稼ぎ）及びそれに伴う所得の沿海地域から内陸地域への移転は、地域間所得格差を埋めるのに大きな役割を果たしている。

④中央政府を通じた財政資金の移転

鄧小平の「先富論」は、沿海地域の発展が一定の段階まで到達した時、沿海部が内陸部の発展を助ける必要があるとし、助ける方法として、沿海部が利潤や税金を多く上納し、その資金で内陸部の発展を支援することと技術移転を挙げた。「先富論」に期待されるように、中央政府を通じて、相対的に豊かな沿海地域から内陸地域へと財政資金の移転が行われており、これは、内陸地域にとっては極めて重要な資金源となっている。西部大開発における資金調達の例を挙げてみると、平均年調達額約4,000億元のうち、中央財政資金がその43％の1,720億元に及んでいるという（劉通2005）。中央政府の財政難が言われ続ける

なか、西部大開発においては、中央財政の作用はかなり大きいと言える。

⑤「対口支援」

「対口支援」とは、1996年に国務院から策定された沿海地域が内陸地域を援助する政策である。経済成長を遂げた東部沿海地区は、内陸部の省自治区とペアを組み、その経済開発を技術や資金や物資の提供及び人材交流など様々な側面において支援するものである[4]。1996－99年間、東部省市は西部地域に約10億元相当の資金・物資を寄付し、「対口支援」プロジェクト（共同実施事業）契約数は約2,600件、導入資金（実行ベース）約40億元に及んでおり（陳躍2000）、2000－02年間、「対口支援」プロジェクト契約数は3,000件、導入資金（契約ベース）約1,000億元に達したという（国家統計局編2002）。

⑥人材交流や人材養成による起業家精神と市場観念の伝播

これは、市場化の遅れている内陸部にとっては極めて意義のあるものである。沿海地域へ出稼ぎに行っている内陸部の農民は、いずれ原籍地にもどることとなり、出稼ぎ者として蓄えた資金、技術、経営ノウハウを持ち帰り、郷鎮企業を創業したり、地元の資源開発、農業開発に従事することになるのである。一方、沿海地域の省市は、内陸部の人材養成にも積極的に参与し、大きな役割を果たしている。上海市の例を挙げてみると、2001年、上海市は、内陸部からの2万5,000人の幹部の研修を実施し、また上海市から内陸部へ293人の幹部を派遣したという（『上海経済年鑑』2002年版）。

図表3－6　沿海地域から内陸地域への経済波及

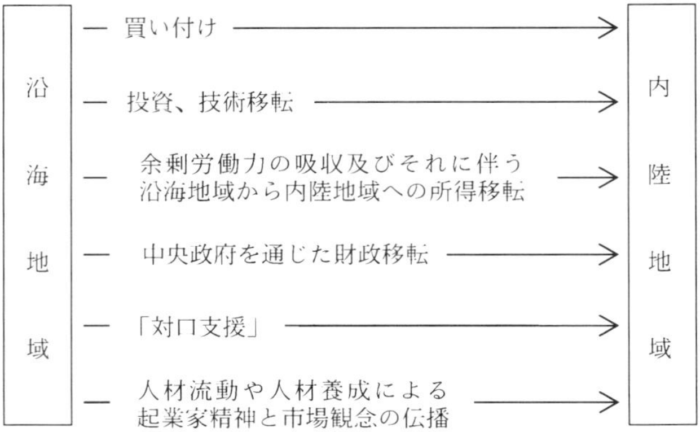

```
沿  ─ 買い付け ───────────→  内
海  ─ 投資、技術移転 ─────────→  陸
地  ─ 余剰労働力の吸収及びそれに伴う
地     沿海地域から内陸地域への所得移転 →  地
域  ─ 中央政府を通じた財政移転 ─────→  域
    ─ 「対口支援」 ──────────→
    ─ 人材流動や人材養成による
       起業家精神と市場観念の伝播 ───→
```

出所：筆者作成

（4）日本の経験の示唆

　太平洋ベルト地帯構想は、太平洋沿岸を工業立地の中核とし、「立地条件の有利な4大既成工業地帯へ重点的に社会資本を投下し工業の誘導を図る」という方針が優先された。それに従って、これら既成工業地帯地域において、工業用地の造成、道路・港湾・工業用水路・電力などの産業基盤の整備が経済成長の隘路打開策として進められ、3大都市圏（東京圏、大阪圏、名古屋圏）を中心に産業、人口の集積集中が著しく進んだ。そうしたなかで、高度経済成長が実現し、1968年、日本のGNP（国民総生産）は1,428億ドルに上り、西ドイツを抜いて世界第2位になった。

　確かに、産業と人口の太平洋ベルト地帯への集積集中は、一方で太平洋沿岸都市圏の過密・過大、他方では後進地域との経済的地域格差を拡大したことがあり、太平洋ベルト地帯構想に対して不満と批判も続出したが、本書では、次の2点を提起しておきたい。

　第1は、藤井（2004）を代表とする日本の学界における太平洋ベルト地帯構想に対する積極的な評価である。藤井（2004）は、太平洋ベ

第3章　改革開放の始まりと沿海地域傾斜政策

ルト地帯に重点的に公共投資を配分することによって、公共投資不足が高度成長の持続への障害となることが回避されたことと、労働力が大都市圏に大量に移動したことによって、農村における過剰労働力が消滅して地域間の所得格差が縮小したことを理由に、太平洋ベルト地帯構想への批判に対して異議を唱え、太平洋ベルト地帯に公共投資を重点的に配分したのは、「公共投資の生産力効果の限界と財政の制約が存在する以上、適切な判断であったと評価できる」と主張している。

藤井（2004）によれば、当時においては、地域間格差の是正と国土の均衡発展のためには成長拠点を全国に分散させるべきだとする強い政治的圧力が存在していた。それを抑えながら推進されたこの重点的な公共投資こそが、太平洋沿岸地帯における交通・通信インフラの充実を促進し、高度成長の持続を実現させたのである。ここでは、その経済的効果と日本経済の成長においての貢献の視点から、太平洋ベルト地帯構想は、「現実的で実効性の高い公共投資計画」として高く評価されている。

第2は、太平洋ベルト地帯構想以後の日本における地域格差是正策の展開及びその効果についてである。大都市の過密化と地域格差の拡大を背景に、地域間の均衡ある発展を図ることを目的として、「全国総合開発計画」（全総）が1962年に策定された。その後も経済社会の情勢と国土構造の変化に対応して、1969年に「新全国総合開発計画」（新全総）、1977年に「第3次全国総合開発計画」（三全総）、1987年に「第4次全国総合開発計画」（四全総）、1998年に「21世紀の国土のグランドデザイン」（五全総）が策定され、これらの全国総合開発計画は、一貫して国土の均衡ある発展を基本目標としている。

日本における地域格差の推移を見てみると、高度経済成長期の前半に拡大傾向が見られたものの、その後半から地域格差は縮小し続けたのである。この経験から、政府が格差是正策を講じることにより、地域格差の拡大に歯止めをかけることができると考えられる。

7．おわりに

　以上、本章は1980年代から1990年代の中国の沿海地域傾斜政策について、その背景と内容、効果、地域格差拡大とのかかわりを中心に考察を試みた。結論として次の3点を示しておく。

　第1に、沿海地域傾斜政策は策定者の意志によって随意に決められたものではなく、さまざまな要因に基づいた必然的な選択である。特に、中国における地域均衡発展戦略の失敗の教訓と日本の太平洋ベルト地帯構想の経験、ハーシュマンの不均衡発展論や鄧小平の「先富論」、中国学界の「梯子理論」をはじめとする地域不均衡発展理論が盛んになったこと、沿海地域の優位性（とりわけ国際経済とのリンケージ）に対する認識などは影響が大きかった。

　第2に、沿海地域傾斜政策の成果として、沿海地域の経済は急速な発展を遂げており、またそれは全国経済発展の牽引役となり、内陸部を含む全国の経済成長に大きく貢献した。改革開放以降の中国経済の高度成長が注目されてきているが、それは主に沿海部の発展に支えられ、また1980年代から1990年代に限って言えば、沿海地域の急速な経済成長に対して、沿海地域傾斜政策はもっとも重要な要因であった。効率重視の視点に基づいて、条件のよい沿海部を速やかに発展させることが沿海地域傾斜政策の主な目標であるが、それは期待通りに達成した。確かに、沿海地域傾斜政策の実施によって、沿海地域における経済発展速度は内陸地域のそれを大きく上回り、両地域間の格差が広がることとなっている。しかし、地域格差の原因は地域傾斜政策だけではないし、そもそも沿海地域傾斜政策は全国の共同富裕を実現するための戦略的方策であり、マイナス効果があると言ってそれを否定することができない。国民経済発展の効率性と長期的な戦略から考えると、沿海地域傾斜政策は、間違いなく、必要かつ正しい選択であったと言えよう。

　第3に、沿海地域傾斜政策の評価にかかわるもう1つの重要なポイ

第3章　改革開放の始まりと沿海地域傾斜政策

ントは沿海地域から内陸地域への波及効果問題であるが、これについて特に指摘しておきたいのは、いままでの研究はほとんど産業連関分析による需要誘発効果に限定しており、市場化が遅れている中国の場合、多角的に見る必要があるということである。つまり、需要誘発効果のほかに、波及効果には、沿海地域から内陸地域への投資増大と技術移転、沿海地域による内陸農村余剰労働者の吸収及びそれに伴う沿海地域から内陸地域への所得移転、中央政府を通じた財政資金の移転、「対口支援」といった沿海地域から内陸地域への直接援助、人材流動や人材養成による起業家精神と市場観念の内陸地域への伝播などさまざまな側面がある。1つの側面から見る場合その効果が限られていても、さまざまな側面から総合的に見てみると、結論が違ってくるかもしれない。

　地域開発理論によれば、一国の経済発展の初期段階においては、資本や労働力が相対的に高所得の地域に集中するため、地域間格差は拡大傾向を示すが、その後、経済発展がある程度進行すれば、先進地域から後進地域への波及効果や中央政府の政策などにより、地域間格差は縮小に転じ、結果的に地域間格差の推移は逆U字型の形態を示すことになるという（Williamson 1965）。

　戦後日本の経験を振り返ってみると、地域格差は、高度成長期の前半に拡大の傾向が見られたものの、その後半から縮小し続けたのである。中国の沿海地域傾斜政策の手本とされた太平洋ベルト地帯構想が、産業と人口の太平洋ベルト地帯への集積集中及びそれに伴う地域間格差の拡大をもたらしたが、この構想に基づいた太平洋沿岸への成長拠点の集中と重点的な公共投資こそが戦後日本経済の高度成長を実現させたのであると見られ、また太平洋ベルト地帯構想以後の国による積極的な地域政策の展開により、地域格差の拡大に歯止めがかかったのである。中国における沿海地域傾斜政策を評価するにあたって、日本のこの経験は大いに参考になると考えられる。

注───
1） 1947－81年度の太平洋ベルト地帯の全国産業基盤投資におけるシェアは、1947－50年45.4％、1951－56年45.8％、1957－61年51.9％、1962－66年59.9％、1967－71年57.5％、1972－76年49.8％、1977－81年46.3％に達している（藤井2004、p.228）。
2）「沿海地域経済発展戦略」とは、沿海地域の豊富で低廉な労働力資源を活かして労働集約型産業を発展させ、原材料や部品を輸入し、加工して付加価値を高めたのち、再び製品を国際市場に売り出す、という戦略である（趙紫陽1988）。
3） その主な措置として、他の地域では30％とする企業所得税を15％までの軽減、設備や原材料などの輸入関税の免除、出入国手続の簡素化が挙げられる。
4） その組み合わせは、北京市－内モンゴル自治区、天津市－甘粛省、上海市－雲南省、遼寧省－青海省、山東省－新疆ウイグル自治区、江蘇省－陝西省、浙江省－四川省、福建省－寧夏回族自治区、広東省－広西チワン族自治区、大連・青島・深圳・寧波4市－貴州省となっている。

参考文献───
加藤弘之（1997）『中国の経済発展と市場化』名古屋大学出版会
加藤弘之（2003）『地域の発展』名古屋大学出版会
河地重蔵・藤本昭・上野秀夫（1998）『中国経済と東アジア圏』世界思想社
国家統計局編（2002）『中国発展報告2002』中国統計出版社
崔毅・邱丕群・傅如一（2001）『中西部経済発展現状与潜力的実証研究』経済科学出版社
下河辺淳（1994）『戦後国土計画への証言』日本経済評論社
総合研究開発機構（1990）『地域政策の諸課題－日中地域政策シンポジウムより』総合研究開発機構
蓼沼朗寿（1991）『地域政策論』学陽書房
趙紫陽（1988）「縦談沿海地区経済発展戦略」『人民日報』1988年1月23日
陳光輝（1998）「改革開放以後中国の地域間の格差と需要波及力」『国民経済雑誌』第178巻第4号
陳躍（2000）『国家中西部発展政策研究』経済管理出版社
鄧小平（1993）『鄧小平文選』第3巻人民出版社
日置史郎（2004）「中国の地域格差と沿海地域から内陸地域への浸透効果：地域

間産業連関分析による一考察」『比較経済体制学会年報』Vol.41, No.1
平田幹郎（2002）『中国を読む事典』古今書院
藤井信幸（2004）『地域開発の来歴－太平洋岸ベルト地帯構想の成立』日本経済評論社
丸山伸郎編（1992）『華南経済圏』アジア経済研究所
向山英彦（2005）「中国の地域間格差と産業の地域間リンゲージ」日本総研『RIM』No.17
陸立軍・鄭燕偉（2004）『東部企業"西進"的模式与行為』中国経済出版社
劉樹成・李強・薛天棟編（1994）『中国地区経済発展研究』中国統計出版社
劉通（2005）「我国西部開発資金渠道的現状与局限」国務院西部地区開発指導小組弁公室ホームページhttp://www.chinawest.gov.cn
Demurger, Sylvie (2001), "Infrastructure Development and Economic Growth : An Explanation for Regional Disparities in China," Journal of Comparative Economics, Vol.29.
Williamson,J.G.(1965), "Regional Inequalities and the Process of National Development," Economic Development and Cultural Change,Vol.13,pp.1－84

第4章　改革開放の加速と地域格差の是正
——地域協調発展戦略への転換

1．はじめに

　改革開放への路線転換に伴い、効率重視の視点から経済発展の条件に恵まれた沿海地域の優先発展を追求する地域政策が行われた。その結果、沿海地域の経済は急速な発展を遂げ、中国の経済成長の牽引力となったが、一方では沿海部と内陸部の格差が大きく広がってしまった。それを背景に、1990年代半ば以降、特に2006年に始まった第11次5カ年計画期から、内陸部の発展支援と地域格差の是正が求められ、調和のとれた経済発展をめざす地域協調発展戦略が打ち出された。このような動きに合わせて、市場メカニズムの推進と対外開放の拡大をはじめとして、改革開放が一層加速してきた。

　本章では、1990年代半ば以降、特に第11次5カ年計画以降の中国における改革開放の加速と地域協調発展戦略の背景、特徴、政策内容の概要を説明し、最後にその問題点と課題について若干の考察を行いたい。

2．2006年までの地域協調発展戦略

　沿海傾斜の地域不均衡発展から地域協調発展への転換を正式に始めたのは、1996年3月の第8期全人代第4回会議で採択された「国民経済と社会発展第9次5カ年計画と2010年長期目標要綱」からだと見られる（加藤2003）。「要綱」は、地域間の成長格差及び社会階層間の所得格差の拡大が重大な問題であると指摘し、今後は、地域発展格差の縮小と地域経済の協調発展の促進を目指すとしている。また、その手段として「要綱」は、1級行政区の範囲を越えた7大経済圏を形成させる構想を提起し、内陸部支援[1] 6政策を盛り込んだ。このときから、内陸部経済開発の促進と地域間[2]のバランスのとれた発展が志向されるようになっており、また周知のように、国のプロジェクトとして、2000年に「西部大開発」、2003年

67

に「東北振興」、2006年に「中部崛起」が次々と打ち出された。

以上からわかったように、この段階の地域協調発展戦略は、①単に内陸部と沿海部との経済格差を縮小することを理念目標にするものであり、②政策の重点は内陸部における経済開発と地域振興の促進に置かれ、また③政策の主体は中央政府であり、政策の手段も主に中央政府の財政支出にとどまっているといった特徴が見られており、第11次5カ年計画以降の地域協調発展戦略と大きく異なっている。いわば、1990年代半ばから2006年第11次5カ年計画開始までのこの時期は、地域協調発展戦略の模索期、過渡期と言えよう。

しかし、政策の重点が内陸地域の発展支援に置かれたといって改革開放以前の内陸重視の地域均衡発展戦略に戻ったのかといえば、必ずしもそうとはいえない。1990年代半ば以降の地域協調発展戦略は短期間での格差解消を追求しないや市場メカニズムの導入などの特徴があり、集権的な計画システムの下で地域間の絶対均衡を追求する改革開放前の地域均衡発展戦略と本質的に違っている。またそれは、沿海部における経済発展を継続させると同時に内陸部の振興を図る特徴があり、改革開放期以降の効率重視による地域不均衡政策を否定するものではなく、いわば公平性と効率性の両立を図ろうとするものである。沿海と内陸の格差が大きく拡大したが、沿海地域の経済発展は内陸部を含む全国の経済成長において重大な役割を果たしており、それを弱めることが当然できないし、政策重心の移動によって内陸部における開発テンポを速めるなら、その比較的速い成長が達成し、徐々に沿海部との格差を縮めることが期待できようと考えられたのであろう。なお、内陸部の経済発展を促進する方策として、従来の中央財政による重点的な投資のほか、資源・エネルギー価格の調整や外資及び国内資本の誘致など、市場メカニズムの活用も必要だと考えられたのであろう。

3．第11次５カ年計画以降の新しい地域協調発展戦略：「1334」枠組み

(1)「1334」枠組みの概要

　第11次５カ年計画（2006－10年）では、地域発展戦略として多くの新しい内容が盛り込まれ、それを図表４－１で示されているように「1334枠組み」と概括することができる。なお、第12次５カ年計画（2011－15年）はこの「1334枠組み」の地域協調発展戦略をそのまま引き継ぐことにした。

図表４－１　中国地域協調発展戦略の「1334」枠組み

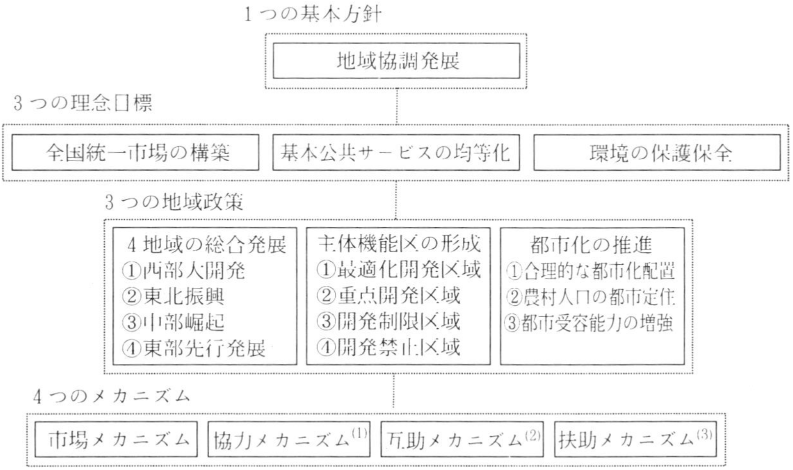

１つの基本方針
- 地域協調発展

３つの理念目標
- 全国統一市場の構築
- 基本公共サービスの均等化
- 環境の保護保全

３つの地域政策
- ４地域の総合発展
  ①西部大開発
  ②東北振興
  ③中部崛起
  ④東部先行発展
- 主体機能区の形成
  ①最適化開発区域
  ②重点開発区域
  ③開発制限区域
  ④開発禁止区域
- 都市化の推進
  ①合理的な都市化配置
  ②農村人口の都市定住
  ③都市受容能力の増強

４つのメカニズム
- 市場メカニズム
- 協力メカニズム[1]
- 互助メカニズム[2]
- 扶助メカニズム[3]

注：(1)平等互恵の原則に基づいた地域間の連携協力。
　　(2)東部先進地域の中西部後進地域への支援。
　　(3)政府財政の貧困地区等問題地域への移転支出。
出所：張軍拡ほか(2010)を参考に作成

　「１」とは、地域開発戦略の基本方針として地域協調発展を全面的に貫徹することである。

　１つ目の「３」は、地域開発戦略の理念目標として、従来の地域間経済格差の是正に取って代わって、全国統一市場の構築、基本公共サービスの均等化、環境の保護保全の３つが取上げられた。もう１つの

「3」は、具体的な地域政策として、4地域の総合発展、主体機能区の形成、都市化の推進の3つを実施することである。4地域の総合発展では、国の中長期計画（5ヵ年計画）としてはじめて4地域区分と東部地域先行発展の奨励を打ち出した。主体機能区の形成とは、資源・環境の負担能力や開発密度、発展の潜在力によって国土を4つの主体機能区に分け、それに相応してそれぞれ異なる開発政策を実施し、合理的な国土開発構造の形成を追求するもので、全く新しい考え方と取組みである。都市化の推進は第10次5ヵ年計画にも提起されていたが、その中心的な措置と方向として、第10次5ヵ年計画の「（県級市のような）小規模な都市の発展の推進」から第11次5ヵ年計画では「（中心大都市と若干の中小都市からなる）都市圏の形成の推進」へと大きく変わった。

「4」とは、地域政策を推進するメカニズムとして、従来の国主導の方式から市場や地方政府の役割も重視し、市場メカニズム、協力メカニズム、互助メカニズム、扶助メカニズムとの4つのメカニズムの活用と相互補完が求められるようになった。

(2) 新しい地域協調発展戦略の特徴

では、これまでの地域協調発展戦略と比べると、第11次と第12次5ヵ年計画による新しい地域協調発展戦略にはどのような変化があるのか。ここでは、新しい地域協調発展戦略の特徴を次のとおりまとめておく。

①ある特定の地域（遅れている西部や東北、中部）の開発・振興から、先進地域である東部沿海地域の先行的発展の奨励を含めて、公平と効率の両方を同時に重視し、各地域の全面的な発展を目指すようになった。

②単に地域間の経済格差の縮小から、経済・社会における発展の格差を総合的に是正すること、特に教育・医療・社会保障などの基本的な公共サービスの均等化の実現が志向されるようになった。

③経済成長至上の発展モデルから、省エネと環境の保護保全を重視し、持続可能な発展モデルへ転換しようとしている。

④地域間の格差だけでなく、都市と農村の格差是正も重要な課題として取り上げられている。

⑤国主導の地域発展から、地方も役割を分担し、中央と地方、地方と地方が協力し合って共に取り組めようとしている。

⑥行政中心の開発手法から、市場メカニズムや地域間の協力メカニズムなど多角的なメカニズムを活かした開発手法へ転換しようとしている。

(3) 背景

このような新しい地域協調発展戦略を打ち出した背景は何であろうか。「国民経済と社会発展第11次5カ年計画要綱」では、従来の発展には、進まない経済成長モデルの転換、過大な資源・エネルギーの消耗、環境汚染の深刻化、止まらない都市農村間・地域間・階層間格差の拡大、社会事業の立ち遅れ、貿易保護をはじめとした国際環境の変化などの問題が存在していると指摘する上で、今後は、科学的発展観という新しい発展モデルに転換し、経済社会の発展において科学的発展観を全面的に貫徹しなければならないとしている。

「科学的発展観」とは経済社会の均衡的・持続的発展を目指すものであり、具体的には、①都市と農村の発展の調和、②地域間の発展の調和、③経済と社会の発展の調和、④人と自然の調和のとれた発展、⑤国内の発展と対外開放の調和という「5つの調和」を実現しなければならないとしている。2003年10月の中国共産党第16期3中全会ではじめて提起され、その後胡錦濤国家主席や温家宝総理などの指導者から度々強調され、2007年10月の中国共産党第17回全国大会において「中国の特色ある社会主義の理論体系」を構成する重大戦略思想として「共産党規約」にも正式に盛り込まれた。第11次5カ年計画と第12次5カ年計画では国の「指導思想」として位置づけられている。

以上でわかるように、地域開発戦略の転換には科学的発展観が決定的なものであり、いわば、新しい地域協調発展戦略は、国の指導思想と位置付けられた科学的発展観の地域開発戦略における具体的表れであると言えよう。

4．4地域総合発展戦略の実施
(1) 4地域区分及びその協調的発展の促進
　前述したように、2000年以降、沿海部との格差の縮小を目的に、西部大開発、東北振興、中部崛起といった内陸部の開発と発展のプロジェクトが次々と打ち出され、一時期国の地域政策の重点が内陸部に置かれていたが、第11次と第12次5カ年計画では、東部地域先行発展の奨励が明確に盛り込まれ、4地域区分及びそのバランスのとれた発展の促進が謳われるようになった。図表4－2は第12次5カ年計画における4地域総合発展戦略の概要を示すものである。

第4章　改革開放の加速と地域格差の是正

図表 4 − 2　第12次 5 カ年計画における 4 地域総合発展戦略

地域区分	西部	東北	中部	東部
基本理念	西部大開発の推進	東北地区など旧工業地帯の振興	中部地域台頭の促進	東部地域の全国に先駆けた発展の支援
発展方向	あくまでも西部大開発戦略の掘り下げた実施を地域振興基本戦略の優先的位置にすえ、特別な政策支援を行う。	産業と科学技術の基礎が比較的強い優位性を発揮させ、近代的産業体系を完備させ、装備製造、原材料、自動車、農畜産物加工などの優位産業をグレードアップさせ、金融、物流、観光及びソフトウェアやサービスアウトソーシングなどのサービス業を強力に発展させる。	東から西へ橋渡しする地理的優位性を発揮させ、優位産業を大きくし、近代的産業体系を発展させ、全国の重要な食糧生産基地、エネルギー・原材料基地、近代的装備製造とハイテク産業基地及び総合交通輸送センターとしての地位を打ち固め、引き上げる。	全国の経済発展をリードし、サポートする役割を発揮させ、より高いレベルでの国際協力・競争に参加させ、経済発展パターンの転換、経済構造の調整及び自主革新において全国の先頭を進ませる。
政策措置	(1)インフラ建設を強化し、鉄道、道路、民間航空、水運網を拡大し、一群の基幹水利施設と重点水利センターを建設し、石油・ガスパイプライン及び主要な送電ルートと送電網接続工事を加速する。(2)生態環境保護を強化し、地質災害予防を強め、重点生態機能区建設を進め、重点生態系プログラムを引き続き実施する。(3)資源の優位性を発揮させ、資源の集中地区に一群の資源開発と高度加工プロジェクトを配置し、国の重要資源、戦略資源後継地と産業集積地を建設し、特色ある農業、観光などの優位産業を発展させる。(4)科学技術・教育を大いに発展させ、自己発展能力を増強する。	(1)国有企業改革を深化させ、非公有制経済と中小企業を大いに発展させる。(2)農業の発展パターン転換を急ぎ、国の強固な食糧戦略基地を建設する。(3)資源枯渇地区の産業移転を促し、資源型都市の持続可能な発展の能力を強める。(4)全国の旧工業地帯の調整・改造を統一的に進める。	(1)投資環境を改善し、東部地区などからの産業移転を秩序をもって受け入れる。(2)資源の利用効率と循環型経済の発展水準を高める。大河川・大湖沼の総合治水を強化する。(3)中部地域に準用される東北地区など旧工業地帯振興と西部大開発の関連政策を一段と細分化し、実行に移していく。	(1)科学技術革新能力を高め、国の革新型都市と地域革新プラットホームづくりを加速する。(2)産業競争の新たな優位を育て、戦略的新興産業、近代的サービス業及び先進的製造業の発展を急ぐ。(3)体制・仕組みの刷新を進め、全国に先駆けて社会主義市場経済体制を完備させる。(4)持続可能な発展の能力を強め、エネルギー、土地、海などの資源の利用効率を一段と高め、環境汚染の処理度を高め、資源・環境というネックを解消する。

出所：中国通信社（2011）より作成

東部地域先行発展の奨励を含めた4地域総合発展戦略を打ち出した理由について、「国民経済と社会発展第12次5カ年計画要綱」の中で、「異なる地域の比較優位を十分に発揮させ、生産要素の合理的移動を促し、地域協力を深め、地域間のよい方向への相互作用を増大させ、地域の発展の格差を徐々に縮小していく」と示されており、また温家宝首相は「東部地域の発展を速めることは、国の実力と競争力を強めるのに有益で、他の地域の発展を支援し、牽引するのにも有益である」と説明している（2005年3月第10期全人代第3回会議での政府活動報告、『中国年鑑』2006年版）。要するに、地域格差を縮小させるためにも、東部地域のさらなる発展と他の地域への牽引・支援が必要だと考えられるのである。

（2）重点経済区の指定

　第11次5カ年計画から4地域総合発展戦略が打ち出されたが、この4地域はいずれも範囲が大きくてその全体的な開発・発展を進めるのが難しいだろうと考えられる。これを背景に、2009年から、数多くの地域発展プランが相次いで国レベルのプロジェクトとして打ち出されている（図表4－3）。これらはいずれも地方から策定された後に国家級に格上げされたものであり、全体的に見てみると、その範囲は東部、東北、中部、西部を含む全国をカバーしていることがわかる。つまり、開発・発展の効率を高めるために、各地域において発展の潜在力のある成長拠点を複数指定・育成することが講じられたのである。

第4章　改革開放の加速と地域格差の是正

図表4-3　国家戦略として承認された地域発展プラン（2008-11年）

地域発展プラン	主体となる地域	承認年月
広西北部湾経済区発展規画	広西チワン族自治区の南寧、北海、欽州、防城（4市）	2008.1
長株潭都市群地域規画	湖南省の長沙、株洲、湘潭（3市）	2008.12
珠江デルタ地区改革発展規画	広東省の広州、深圳、珠海、仏山、江門、東莞、中山、恵州、肇慶（9市）	2008.12
江蘇沿海地域発展規画	江蘇省の連雲港、塩城、南通（3市）	2009.6
関中天水経済区発展規画	陝西省西安、銅川、宝鶏、咸陽、渭南、楊凌、商洛、甘粛省天水	2009.6
遼寧沿海経済帯発展規画	遼寧省の大連、丹東、錦州、営口、盤錦、葫蘆島（6市）	2009.7
中国図們江地域協力開発規画	吉林省の長春市、吉林市の一部、延辺朝鮮族自治州	2009.7
黄河デルタ生態経済区発展規画	山東省の東営、濱州、濰坊、徳州、淄博（5市）	2009.12
甘粛省循環経済総体発展規画	甘粛省全域	2009.12
鄱陽湖生態経済区規画	江西省の南昌、景徳鎮、鷹潭、九江、新余、撫州、宜春、上饒、吉安の一部	2009.12
皖江都市帯産業受入移転模範区規画	安徽省の合肥、蕪湖、馬鞍山、銅陵、安慶、池州、巣湖、滁州、宣州、六安（10市）	2010.1
長江デルタ地域計画	上海市、江蘇省、浙江省（3省）	2010.5
海南国際観光島規画	海南省全域	2010.6
山東半島藍色経済区発展規画	山東省の海域、青島、東営、煙台、濰坊、威海、日照、濱州の一部	2011.1
浙江海洋経済発展モデル区規画	浙江省の海域、杭州、寧波、温州、嘉興、紹興、舟山、台州	2011.3
海峡西岸経済区発展規画	福建省全域、浙江省、広東省、江西省の一部	2011.3
成渝経済区規画	重慶市、四川省の成都市	2011.5
広東海洋経済総合試験区発展規画	広東省の海域、広州、深圳、珠海、汕頭、恵州、汕尾、東莞、中山、江門、陽江、湛江、茂名、潮州、掲陽（14市）	2011.7
河北沿海地区発展規画	河北省の秦皇島、唐山、滄州（3市）	2011.11

出所：穆尭芊（2012）

　それを受けて、第12次5カ年計画は国の中長期計画として改めて4地域ごとにそれぞれ複数の重点経済区を指定し、その地域振興を重点に進めるとしている。そのうち、西部地域は10カ所、東北地域は5カ所、中部地域は6カ所、東部地域は10カ所となっており、これまで承認された国家レベルの地域発展プランが多く含まれている（図表4-4）。

図表4－4　第12次5カ年計画に盛り込まれた重点経済区

地域	重点経済区
西部	呼包鄂楡（フホホト、包頭、オルドス、楡林）経済区、広西北部湾経済区、成渝（成都・重慶）経済区、黔中（貴州中部）経済区、滇中（雲南中部）経済区、藏中南（チベット中・南部）経済区、関中－天水（陝西西安等6市1区・甘粛天水市）経済区、蘭州－西寧経済区、寧夏沿黄（寧夏黄河沿い）経済区、天山北坡（新疆天山北麓）経済区
東北	遼寧沿海経済帯、瀋陽経済区、長吉図（長春・吉林・図們江）経済区、哈大斉（ハルビン・大連・チチハル）経済区、牡綏（牡丹江・綏芬河）経済区
中部	太原都市群、皖江都市帯（安徽省都合肥等9市）、鄱陽湖生態経済区（南昌、景徳鎮、鷹潭）、中原経済区、武漢都市圏、長株潭（長沙・株洲・湘潭）都市群
東部	京津冀（北京・天津・河北）、長江デルタ、珠江デルタ、首都経済圏、河北沿海地区、江蘇沿海地区、浙江舟山群島新区、海峡西岸経済区、山東半島藍色経済区、海南国際観光島

出所：中国通信社（2011）より作成

5．主体機能区戦略の実施

(1) 経緯・目的

　国の政策として第11次5カ年計画要綱ははじめて「主体機能区」形成の推進を提起し、またその目的については、「資源・環境の負担能力、開発密度と発展潜在力に基づいて、国の人口・経済分布、国土利用、都市化の配置を総合的に考慮し、国土空間開発の秩序を適正化し、合理的な国土開発構造を形成させる」と説明している。以降、主体機能区戦略は新しい地域開発政策の目玉として注目されてきて、第12次5カ年計画にもあらためて盛り込まれた。2011年6月9日、国務院から「全国主体機能区規画－高効・協調・持続可能な国土空間開発格局を構築」といった主体機能区に関する国レベルの政策文書が公布され、主体機能区の形成は現実的な地域開発政策としてようやくスタートを切った。

第4章　改革開放の加速と地域格差の是正

(2) 主体機能区の区分と発展方向

　図表4－5で示されているように、国土を開発適正化区域、重点開発区域、開発制限区域、開発禁止区域という4つの主体機能区に分類し、それに相応して地域政策の内容と発展の方向性を定め、国土空間開発枠組みの最適化を目指すとされている。

図表4－5　主体機能区の区分と発展方向

類型	地域の性格	発展の方向
開発適正化区域	開発の密度が高く資源・環境の負担能力が弱まり始めた地域	・広大な土地の使用や資源の大量消費を停止、質と効率向上を最優先に、国際競争に参入するレベルを高め、全国の経済の発展を牽引する ・中国における経済グローバル化の主体地域とする
重点開発区域	資源・環境の負担能力が強く、経済や人口を集積できる条件がある地域	・インフラを整備し、投資事業環境を改善し、産業集積を発展させ、経済規模を拡大し、工業化・都市化を速める ・開発適正化区域から産業移転を、開発制限区と開発禁止区域から人口移転をそれぞれ受け入れ、全国における経済発展と人口集積の重要な担い手とする
開発制限区域	資源・環境の負担能力が脆弱で、大規模な経済、人口の集積に適せず、生態系の保護を行わなければならない地域	保護を優先、開発は適切に実施し、点の発展に留め、実状に合った産業を発展させる
開発禁止区域	法律に基づいて設置された各種自然保護地域。国家級自然保護区243、世界文化自然遺産31、国家重点風景名勝区187、国家森林公園565、国家地質公園138カ所　開発を禁止する	

出所：日中経済協会(2010)より作成

(3) 主体機能区の類型に合わせた政策と評価の実行

　第12次5カ年計画は、主体機能区の類型に合わせて地域政策とその実績評価を行わなければならないとし、またそのあり方について、以下のように規定している（中国通信社2011、人民日報海外版2011年6月9日）。

77

1）分類管理の地域政策実施

　①主体機能区ごとの配分と分野ごとの配分を合わせた政府の投資政策を実行し、主体機能区別に配分する投資は主に重点生態機能区と農産物主産地の振興支援に充て、分野別に配分する投資は、各地域の主体機能の位置付けと発展方向に合わせるようにする。

　②現行の産業指導目録を改訂・整備し、それぞれの主体機能区の奨励、制限及び禁止産業を明確にする。

　③差別化された土地管理政策を実行し、各種用地の規模を科学的に決め、土地の用途規制を厳格にする。

　④異なる主体機能区に対して異なる汚染物質排出総量規制と環境基準を実行、適用する。

2）差別化された実績評価の実行

　①開発適正化区域については、経済構造、科学技術革新、資源利用、環境保護、外来人口の受入、公共サービスを対象に評価する。

　②重点開発区域については、工業化レベル、都市化レベルを中心に評価する。

　③開発制限区域については、農産物主産地の場合、農業総合生産能力を、重点生態機能区の場合、生態保護及び生態産品生産能力をそれぞれ重視して評価を行い、域内総生産や工業関連の指標は評価しない。

　④開発禁止区域については、主に自然・文化資源の保護状況を評価する。

6．都市化戦略の実施
(1) 都市化戦略の枠組み構築

　第10次5カ年計画までの中国における都市化政策は県級市を中心とした「小都市」（中国語：「小城鎮」）の発展に重点が置かれた。しかし一方では、農村部から大都市への人口移動はますます活発化し、この小都市発展戦略はなかなか進められなかった。それを背景に、第11次

第4章　改革開放の加速と地域格差の是正

5カ年計画では、中心となる大都市とその周囲の若干の中小都市からなる「都市群」の形成が提起され、第12次5カ年計画ではそれをさらに具体化し、「2横3縦都市化戦略枠組み」といった都市化発展戦略が打ち上げられた。

「2横3縦都市化戦略枠組み」とは、ランドブリッジルートと長江沿いルートを2本の横軸にし、沿海、京哈京広（北京－ハルビン＋北京－広州）、包昆（包頭－昆明）ルートを3本の縦軸にし、軸線上の若干の都市圏を拠点に、全国規模の都市化戦略の枠組みを構築しようとするものであり（図表4-6）、大都市を拠点に、中小都市を重点にし、波及効果の大きい都市圏を形成させることによって、経済成長と市場空間の東から西へ、南から北への拡がりをはかろうとするものである。

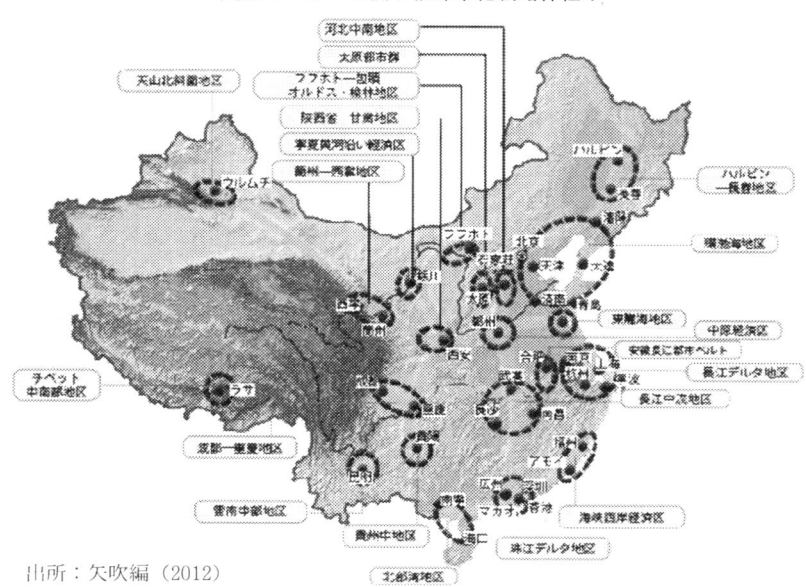

図表4-6　2横3縦都市化戦略枠組み

出所：矢吹編（2012）

（2）農村人口の都市定住の推進

第12次5カ年計画においては、都市部の戸籍を取得する条件を満たす農業転移人口の都市部住民化を都市化の推進における重要任務とし、

79

大中都市は人口管理を強化・改善して、出稼ぎ人口の受け皿としての役割を発揮させ、中小都市は定住条件を緩和することにより、安定した労働関係を持ち、かつ都市部に一定年数以上居住している農業従事者及びその家族を都市部住民へと徐々に変換するとしている。

それと同時に、「農民工」（農民の出稼ぎ労働者）に対して、次のように公共サービスを改善し、権益の保護を強化する必要があるとしている。①「農民工」の子女が現地で義務教育を平等に受けられるよう保証するとともに、高校教育とのかみ合わせをしっかりと行うこと、②企業と安定した労働関係を構築している「農民工」を都市部の従業員向け基本養老保険及び医療保険に加入させること、③「農民工」の基本的な研修補助金制度を構築し、「農民工」の研修資金の省レベルでの統一計画を進めること、④さまざまなルートや形式を通じて「農民工」の居住条件を改善し、条件を満たした「農民工」の都市部住宅保障システムへの加入を奨励すること、などである。

（3）都市部の受容能力の増強

第12次5カ年計画は、都市開発のフロンティアを合理的に決定し、新都市・新区の建設を標準化し、新しく建設された地区の人口密度を高め、建設用地の構成を調整して最適化し、特大都市面積の過度な拡張を防ぐとした上で、「都市病」[3]に対処しながら、都市部の受容能力の増強を図るとしている。

7．おわりに

第11次5カ年計画以降の地域協調発展戦略は、国全体のバランスのとれた、かつ持続可能な発展を方針にし、そのため、さまざまな新構想、新政策を打ち出しており、改革開放路線を一層加速させた。一方、この地域協調発展戦略には、多くの問題点と課題が残されており、その解決が求められている。

例えば、東部、中部、西部、東北を含めた地域間の調和のとれた発

展が謳われているが、生産要素特に人材の東部への流出が止まらない現状では、それはいかに実現するかが問われている。

　また、主体機能区戦略は新しい地域協調戦略の目玉として注目されている。これまでの経済成長至上、無秩序な国土開発による環境破壊の深刻化を考えると、経済開発と環境保護の両立、国土開発秩序の規範化を志向するこの新しい戦略は大いに評価すべきである。しかし、これまで通用していた1級行政区単位の地域区分と異なるため、主体機能区戦略の展開と政策執行においては複雑多くの難点が想定されている。さらに、ある地域の資源・環境負担能力が固定したものではなく、自然条件や技術レベル、経済発展状況の変化に伴って随時変動している。政策がそれにどう対応するかが課題となろう。

　なお、農村人口の都市定住と都市化の推進が謳われているが、実際に多くの都市部では、交通渋滞や住宅難、医療難、入学難、就職難に象徴された過密問題がすでに深刻化しており、農村人口の都市移住をさせる前に、まずこれらの問題を解決し都市部の受容能力を確保することは大きな課題として迫られている。

注——
1）長江デルタと沿江地区、環渤海地区、東南沿海地区、西南部と華南部分省区、東北地区、中部5省地区、西北地区。
2）①中西部地域での資源開発とインフラ建設を優先的に実施する。②資源関連製品価格の歪みを是正し、中西部地域の自立的発展能力を強化する。③中央財政の中西部への支援を強化する。④中西部地域の改革開放を進め、外国直接投資を中西部地域に向けて多く誘導する。⑤貧困地域への支援を強化し、少数民族地域の経済発展をサポートする。⑥東部沿海地域と中西部内陸地域の経済連携と技術協力を強化する。
3）人口や工業、交通運輸などの都市への過度な集中に伴う交通渋滞、住宅密集、エネルギー供給、環境汚染など各種問題。

参考文献——
加藤弘之（2003）『地域の発展』名古屋大学出版会
中国通信社（2011）「月刊中国情勢」2011年5月号

張軍拡ほか（2010）『中国区域政策与区域発展』中国発展出版社
日中経済協会（2010）『中国経済データハンドブック』2010年版
穆尭芋（2012）「中国における地域発展戦略の実態と課題」ERINA REPORT
　N0.103
矢吹晋編（2012）『一目でわかる中国経済地図第2版』蒼蒼社

第5章　経済改革から総合改革へ
——国家総合改革試験区の展開

1. はじめに

　日本ではまだあまり知られていないが、近年、中国においては、「国家総合改革試験区」（中国語では「国家総合配套改革試験区」という、下同）といった国家レベルの総合的な改革試験エリア設立の動きが活発で大いに注目されている。2005年6月上海浦東新区が国家総合改革試験区として指定されたのを皮切りに、天津濱海新区、重慶市、成都市、武漢都市圏、長(沙)株(洲)(湘)潭都市圏[1]、深圳市、瀋陽経済区[2]、山西省、厦門市が相次いで指定され、2011年12月の時点で、すでに10の国家総合改革試験区が指定され、かつ各試験区からそれぞれ作られた試験区の全体のプランにあたる「改革試験総体方案」というものが全て国務院から批准された（図表5−1参照）。「新特区」[3]とも呼ばれているこれらの国家総合改革試験区は、より大きな地方自主権を持ちながら経済分野を超えた総合的な改革試験を行うようになり、中国全土の改革と発展に経験や手本を提供するものとして期待されている。

　なぜ30年間の改革開放の歴史が経過した現在においてこのような改革試験区の設立が必要とされたのか、またなぜこの10カ所が国家総合改革試験区として指定されたのか。本章では、中国における国家総合改革試験区設立の背景及び政治過程に関する考察を通じて、その目的と政策的含意を解明するとともに、国家総合改革試験区から見た中国における改革開放政策の方向性を明らかにしたいと思う。

2. 国家総合改革試験区設立の背景と目的
(1)「国家総合改革試験区」の概念について

　「国家総合改革試験区」の概念について先に確認しておこう。

まず「国家」というのはいうまでもなく国レベルという位置づけを意味するものであり、具体的には、国家総合改革試験区の性質として、①国（国務院）による指定を受けることと、②国の発展戦略に盛り込まれること、③その総体方案及び他の法政策は国（国務院）による承認を必要とすること、④その業務は国家発展改革委員会の監督指導を受けることなどが挙げられる。このように、国家総合改革試験区は国による、国としての戦略となっている。実際、地方政府による省レベルの総合改革試験区も多数設立されている。

　次に、「総合改革」（中国語では「総合配套改革」という、下同）とは、これまでの経済体制そのものを中心とした改革と異なって、経済から政治、社会、環境まで総合的で多方面にわたった改革を意味するものである。改革開放期当初「経済特区」として指定された深圳、珠海、汕頭、廈門（アモイ）、海南省の場合、計画経済体制に対する改革が中心となった。それに対して、市場経済体制がすでに計画経済体制に取って代わった現在においては、改革を深化させ、市場経済体制を健全化するとともに、関連する社会制度や行政体制、経済運営の方式などの改革と刷新が目標とされたのである。これまでの主に経済成長を重視する観念から転換し、経済成長を維持するために関連する体制問題や社会問題、資源・環境問題の解決にも力を入れる、あるいは経済発展と社会発展、環境保全などをともに重視する意味が読み取れる。

　最後に、「試験区」とはテストエリアであり、全国から選定された特定の都市あるいは特定の都市の一部、いくつかの都市からなる都市圏とさまざまである。ただし、国家総合改革試験区として指定されたとしても、該当地に改めて「○○試験区」という名の区画及び政府機関を作るのではなく、その既存の地方政府に所管範囲内で改革試験を行う権限などを与えるに過ぎない。これらの「試験区」で先に総合改革の試行を行い、他の地域に手本を示し、経験を積んだ後に全国に押し広めるという考えである。中国のような広大で差も大きい国では、どのような政策も、一斉に全国範囲で行うには無理があり、まず一部

第5章　経済改革から総合改革へ

の地域でテスト的に試行し、その効果を検証しながら段階的に他の地域へ広げていく、いわば「漸進的改革」方式が中国政府の伝統的なやり方であり、改革開放路線を実施して30年が経過した現在においても、この方式は依然として堅持されていると言えよう。

図表5-1　国家総合改革試験区設立の経緯

2005年6月	国務院常務会議、上海浦東新区総合改革試験の実施を許可（2006年1月、国務院、「浦東総合改革試験総体方案」を批准）
2006年6月	国務院「天津濱海新区開発開放の推進に関わる関連問題に関する意見」、天津濱海新区を「国家総合改革試験区」に指定（2008年3月、国務院、「天津濱海新区総合改革試験総体方案」を批准）
2007年6月	国家発展改革委員会「重慶市と成都市における都市農村協調発展国家総合改革試験区設立の批准についての通知」、重慶市と成都市を「都市農村協調発展国家総合改革試験区」に指定（2009年4月、国務院、「重慶市都市農村協調発展総合改革試験総体方案」を批准。2009年5月、国務院、「成都市都市農村協調発展総合改革試験総体方案」を批准）
2007年12月	国家発展改革委員会「武漢都市圏と長株潭都市圏における資源節約型・環境友好型社会建設国家総合改革試験区設立の批准についての通知」、武漢都市圏と長株潭都市圏を「資源節約型・環境友好型社会建設国家総合改革試験区」に指定（2008年9月、国務院、「武漢都市圏「両型」[4]社会建設総合改革試験総体方案」を批准。2008年12月、国務院、「長株潭都市圏「両型」社会建設総合改革試験総体方案」を批准）
2009年1月	国務院、「珠江デルタ地域改革発展計画要綱」を批准公布、深圳総合改革試験区と明記（2009年5月、国務院、「深圳市総合改革総体方案」を批准）
2010年5月	国家発展改革委員会「瀋陽経済区国家新型工業化総合改革試験区設立の批准についての通知」、瀋陽経済区を「国家新型工業化総合改革試験区」に指定（2011年9月、国務院、「瀋陽経済区新型工業化総合改革試験総体方案」を批准）
2010年12月	国家発展改革委員会「山西省国家資源型経済総合改革試験区設立の批准についての通知」、山西省を「国家資源型経済総合改革試験区」に指定（2012年8月、国務院、「山西省国家資源型経済転換総合改革試験総体方案」を批准）
2011年12月	国務院、「廈門市深化両岸交流協力総合改革試験総体方案」を批准、廈門市を「深化両岸交流協力総合改革試験区」に指定

出所：中国国家発展改革委員会の資料より作成

(2) 国家総合改革試験区設立の背景

　では、なぜ国家戦略として総合改革試験区を設立することにしたのか。その背景について政府からはまだほとんど説明されていないが、中国における経済社会発展の現状を考えると、それは決してわかりにくいものではない。つまり中国は、沿海地域の改革開放を中心に、急速な経済成長を達成しているものの、それと同時に、誰の目にも明らかになっているように、多くの難題に直面しており、さらなる発展のためにはまずそれらの難題を解決しなければならない、というような局面に迫られている。なかに国家総合改革試験区の設立と直接関連のある問題として次の4つを挙げることができる。

　第1は、市場システムと市場の役割が依然として不十分な問題である。中国においては、社会主義市場経済体制が初歩的に確立されているが、それはまだ健全なものではない。特に行政管理体制、土地制度、金融資本市場システム、労働と技術市場システムなど深層構造における体制の問題がまだ根本的に解決されていない。体制・制度上の阻害に起因した問題は経済運営と経済発展に対して支障をもたらしている。これを背景に、第11次5カ年計画（2006－10年）は、中国における改革はいよいよハードな段階に来ており、改革を推進し経済社会の発展に関わる重大な体制の改革を突破的に進展させなければならないとし、体制改革の深化を中国における重要な課題として打ち出した。それによると、行政管理体制から、基本経済制度、財政・租税体制、金融体制、現代的市場システムまでさまざまな体制・制度の改革が目標とされている（図表5－2）。

第5章　経済改革から総合改革へ

図表5－2　体制改革の深化にかかわる諸課題

① 行政管理体制改革の推進	④ 金融体制改革の加速
・政府の職能転換を推進する	・金融企業改革を深化する
・政府の政策決定メカニズムを健全化する	・直接融資の発展を加速する
② 基本経済制度の改善	・金融コントロールメカニズムを健全化する
・国有企業改革を深化する	・金融管理監督体制を改善する
・国有資産管理監督体制を健全化する	⑤ 現代的市場システムの改善
・非公有制経済の発展を奨励する	・統一かつ開放された国内市場を整備する
③ 財政・租税体制改革の推進	・資本、土地、技術、労働力市場を健全化する
・財政体制を改善する	・価格形成メカニズムを改善する
・租税制度を改善する	・市場秩序を規範化する

出所：全国人大財政経済委員会弁公室・国家発展改革委員会発展企画司編『建国以来国民経済と社会発展五年計画重要文件彙編』より作成

　第2は、地域間の格差の問題である。周知のように、中国における1978年以降の改革開放は主に珠江デルタと長江デルタを中心とする沿海地域を舞台としてきた。それは鄧小平の「先富論」に代表されているように、沿海地域への政策傾斜と発展促進であった。確かに東部沿海地域は改革開放によって目覚しい発展を遂げたが、その内陸部への波及効果が予想したとおりうまく行かなかった。むしろ「東快西慢」、「南高北低」（東部、南部が進んで西部、北部が遅れている）と言われているように、沿海部と内陸部、また沿海部の南北間の格差が拡大する一途をたどっており、国内外から大きく注目されるようになった。遅れている地域の発展を促進するため、2000年に西部大開発戦略、2003年に東北振興戦略、2005年に中部崛起戦略と次々と国レベルの地域発展戦略が打ち出されたが、その効果は必ずしも楽観的ではない。図表5－3は2008年の省別1人あたりGDPを示したものである。東部と中部、西部、東北の間に依然として大きな格差があるのは一目瞭然である。最も高い上海は73,124元に達しているのに対して、最も低い貴州は8,824元にとどまり、その格差は8倍を超えている。

図表5－3　各省の1人あたりGDPの比較（2008年）

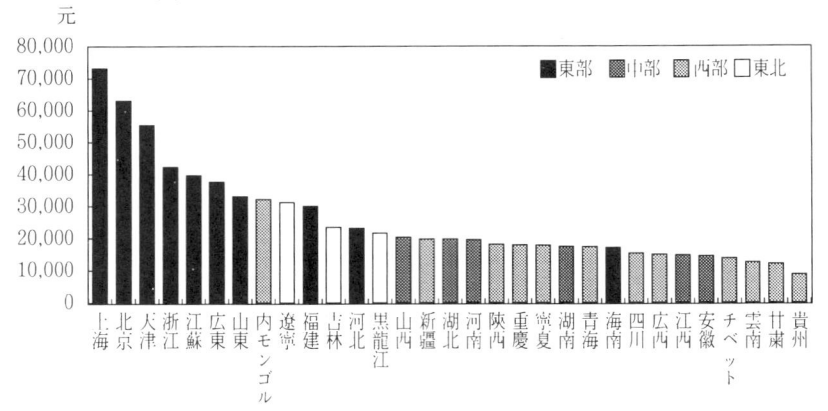

出所：中国国家統計局『中国統計摘要』2009年版より作成

　第3は、都市と農村が分離した二元的な構造及び発展の不均衡の問題である。中国には日本では想像もできないほどの都市と農村の格差が存在することはしばしば指摘されている。まず中国の農村部と都市部の住民1人あたり所得の比較を見てみよう（図表5－4）。1980年代後半から農民所得の伸び悩みが続き、都市部との格差が拡大する一途をたどっている。2010年には都市部住民の1人あたり可処分所得（19,109.4元）は農村住民のそれ（5,919.0元）の3.2倍となっている。さらに注目すべきなのは、中国における都市と農村の格差は所得のみならず、「三農問題」と呼ばれるように、社会保障制度や公共サービス、政治的権利などを含める広範な範囲に現れている。厳善平（2006）によると、「三農問題」とは、農業の豊作貧乏と食糧生産の不安定、農民の相対的・絶対的貧困化、農村の教育、医療を中心とする公共サービスの供給不足を指しており、またその最大の要因は戸籍制度による農民の都市への移動制限であるという。戸籍制度とは中国政府に制定された「戸籍登記条例」（1958年）、「戸籍転出入に関する規定」（1964年、1977年）を中心とした一連の法規から構成されるが、国民を農村住民と都市住民という2大グループに分けて差別的な政策を適用すること

第5章　経済改革から総合改革へ

や、自己の都合で農村から都市へ移住し就労することはできないことがその一番大きな特徴である。計画経済から市場経済への体制移行が始まった1980年代以降、労働移動に対する制限が緩和し、多くの農村人口が出稼ぎの目的で都市部へ移動しているが、戸籍登録地から離れて他地域で暮らしていても、戸籍の転出入が許されない。すると農村の人がたとえ都市に移住できても、都市住民と対等に就職競争をすることができないし、またたとえ就職ができた場合でも、賃金、失業・医療・年金保険などの社会福祉、住宅の購入、子供の学校教育、公共サービスの享受等々で都市住民と全く異なる処遇を受けている。計画経済を運営する制度装置としてつくられたこの戸籍制度が、体制移行の過程で次第に都市住民が自らの権益を守る道具として利用するようになり、これまでそれに対する改革が何度か試みられたが、抜本的な改革はまだできていない。

第11次5カ年計画にも「戸籍制度改革を進め、都市・農村を統一させた戸籍登記制度を逐次整備する」と明記されているように、都市と農村間の障壁を取り除き、都市農村の一体的な発展を推進するのが中国における重要な課題である。

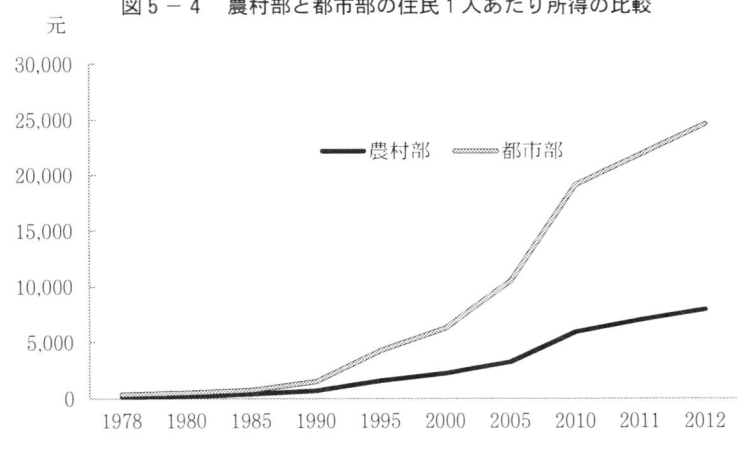

図5－4　農村部と都市部の住民1人あたり所得の比較

出所：中国国家統計局『中国統計摘要』2013年版より作成

第4は、資源と環境の問題である。急速な工業化とモータリゼーションの進展を背景に、中国におけるエネルギー需要が急速に伸びている。統計によると、中国における一次エネルギーの消費量は、1998年の9.17億トン（石油換算）から2008年には20.03億トンとほぼ倍増しており、世界全体に占めるシェアも10.3％から17.7％に高まっている。同じ時期に米国のシェアは25.0％から20.4％に低下しており、中国は米国を抜いて世界一のエネルギー消費国になろうとしている。1998年から2008年にかけて、世界全体の一次エネルギーの総消費量の増分のうち、約45％は中国によるものである（関志雄2009、P.223）。図表5－5は中国における1978年以降のエネルギー生産量と消費量の推移を示している。生産量が年々増加しているにもかかわらず、消費量増加のペースになかなか追いつけないため、そのギャップが広がる一途をたどっているのが見てわかる。中国は元々石油の純輸出国であったが、国内需要量の拡大を背景に、1993年より純輸入国に転じ、その後も輸入量が急速に増加し続けている。統計によると、2008年には原油と石油製品の輸入は計2.18億トン、輸出を引いた純輸入も1.96億トンに達している。1998年から2008年にかけての世界の石油総消費量の増分の約37％は、中国における需要の拡大によるものである（関志雄2009、p.223〜225）。

　エネルギーの大量消費は当然環境問題をもたらす。中国の二酸化炭素（CO_2）の排出量は、すでに米国を抜いて世界一の規模になっている[5]。また水質汚染や大気汚染、生態環境悪化などさまざまな環境問題が深刻化しており、中国経済発展の足かせとなっている。

　資源・環境問題の解決なくして持続可能な発展が望めないという危機感から、中国政府は省エネルギー化と環境保護の重要性を強く認識し、成長方式の資源浪費型・環境破壊型から資源節約型・環境保全型への転換を急務としている。

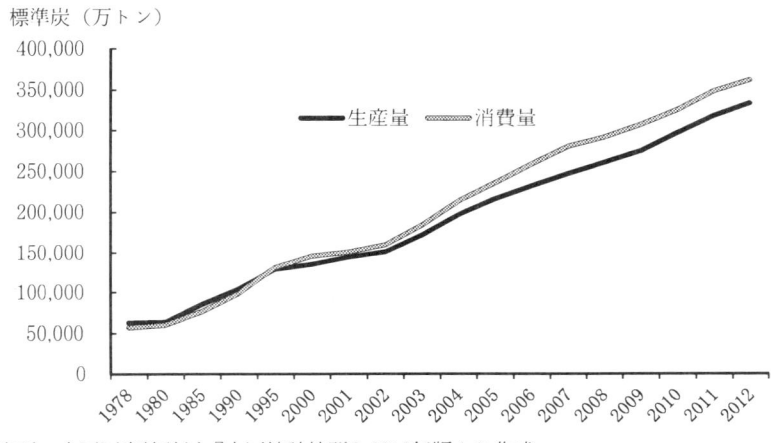

図表 5 − 5　エネルギー生産量と消費量の推移(1978〜2012年)

出所：中国国家統計局『中国統計摘要』2013年版より作成

　以上のような難題を直面し、中国政府における発展戦略はこれまでの効率優先、経済成長至上から公平重視、経済社会の調和の取れた発展へと大きく方向転換し始めた。

　2003年10月、中国共産党16期3中全会が「社会主義市場経済体制の改善に関わる若干の問題についての決定」を採択し、「科学的発展観」という新しい指導方針を明確に打ち出した。科学的発展観とは、人間本位を中心としながら、社会全体の調和の取れた、持続可能な発展を目指すものであり、具体的には、①都市と農村の発展の調和（農民問題の解決と農村の発展を重視し、農村と都市の一体的な発展を図る）、②地域発展の調和（後進地域の発展を支援し、地域間の格差を是正する）、③経済と社会の発展の調和（社会保障制度の健全化や雇用拡大、医療・教育などの公共サービスの充実を図り、社会主義調和社会の構築を推進する）、④人と自然の調和のとれた発展（資源の節約と自然環境の保護を重視し、省エネ・環境にやさしい発展モデルを作り出す）、⑤国内の発展と対外開放の調和（対外開放を堅持しながら国内の発展を加速し、国内市場の拡大を図る）からなるいわゆる「5つの調和」を堅持するものである。

2006年から始まる第11次5カ年計画（2006-10年）においては、中国の今後の指導方針として「5つの調和」を中心とした科学的発展観を盛り込んだ上で、東部先行発展の奨励、西部大開発の推進、東北旧工業基地の振興、中部崛起の促進を含めた地域協調発展戦略が打ち出された。

　2006年10月に開催された中国共産党16期6中全会において、「社会主義和諧社会の構築に関わる若干の重大問題についての決定」が採択され、「和諧社会」（調和の取れた社会）の構築が国の戦略的任務として位置づけられるようになった。「決定」では2020年までの目標として、都市農村間発展格差の縮小、地域間発展格差の縮小、都市と農村住民をカバーできる社会保障システムの確立、政府の職能とサービス水準の強化、資源利用効率の向上及び生態環境の改善などが盛り込まれた。

　2007年10月に開催された中国共産党第17回党大会において、科学的発展観は、従来の鄧小平理論と江沢民の「3つの代表」理論に並ぶ、[6]「中国の特色ある社会主義の理論体系」を構成する重要な戦略思想として、「共産党規約」に盛り込まれることになった。

　以上からわかったように、中国は今、急速な経済成長を達成している一方、体制・制度上や地域間、都市農村間、経済発展と社会発展間、経済発展と資源利用・環境保護間においてはさまざまな矛盾や不調和が発生し深刻化しており、それに対応するために「5つの調和」を中心とした科学的発展観が国の新たな指導方針として打ち出されたのである。いわばこれまでの「先富論」に象徴された効率優先、成長至上から公平と協調を重視するほうへ転換しようとするものである。国家総合改革試験区の設立は、このような背景に基づいて決められたものであり、科学的発展観という国の指導方針の地域政策における体現と結果である。

(3) 国家総合改革試験区の目的

　国家総合改革試験区の目的について、国家発展改革委員会経済体制

総合改革司孔涇源司長から次のような説明がある。すなわち、試験区の試験内容はいずれもその地域及び全国において重点的に解決しなければならない課題であり、国家総合改革試験区設立の目的は、試験区における改革と刷新の試行を通じて、該当地域の経済社会のよりよい、よりはやい発展を促進すると同時に、全国に社会主義市場経済体制を健全化するための経験を提供することにある（国家発展改革委員会ホームページ）。

　この説明からもわかるように、国家総合改革試験区の設立は、前述した現在中国の直面している難題を解決する方策を模索するためにほかならない。その模索は古い体制に対する改革と新しい体制の創出から成っているが、具体的には、①経済体制改革の深化及び行政体制改革の推進、②都市と農村の一体的な発展の促進、③成長方式の転換と省エネ・環境保全型モデルの樹立を中心とし、そのためにいくつかのエリアを試験区として指定し、それぞれ改革のテストを行い、地域及び全国のために経験を積むこととされている。また、地域発展不均衡の現状及び地域の協調発展の促進から考慮し、試験区の配置においては地域のバランスへの配慮が必要とされた。

3．国家総合改革試験区指定の政治過程
(1) 国家総合改革試験区指定の基準

　国家総合改革試験区に指定し、改革の試験を行わせる以上、当然政策上の優遇措置や試験区地方政府への権限の移譲が前提となると予測される。そうすると、地方政府間で試験区指定をめぐって激しい競争が起こるのも容易に想像できる。では結果としてなぜ上述した10カ所が指定されるようになったのだろうか。

　現在、国として国家総合改革試験区への申請条件などについてまだ正式に公表していないが、国家発展改革委員会経済体制総合改革司孔涇源司長によると、国家総合改革試験区の選定には、次の5つの基準があるという。すなわち、①地域が代表的であること（国家戦略上の

「地域」を代表することができる)、②内容が典型的であること(改革の内容は国の意向を反映することができる)、③比較的強い指導力を持っていること、④比較的よい工作の基礎を持っていること(これまである程度の経験を積んでいる)、⑤相応した発展潜在力を有することの5つであり、また、①について氏はさらに、「東・中・西部の協調発展の促進を考慮し、国家は東部、中部、西部にそれぞれいくつかの地域を選定し、それぞれ重点の異なった改革試験を展開させる」という説明を加え(『人民日報』海外版、2008年4月2日)、地域配置のバランスを特に重視する意向を明確に示している。これによると、現在指定された10カ所はこの5つの基準(あるいはその一部)に適っているかと理解することができる。

(2) 上海浦東新区

1990年以降、国家プロジェクトとして開発が進む上海浦東新区は急速に変貌してきた。しかし一方では、政府主導で投資牽引型の発展モデルには限界が現れ始めている(例えば、外資企業の上海から蘇州、昆山など周辺地域への移転、第三次産業の不振など)。その背景には、WTO加盟による従来の優遇政策の優位性の喪失、政府機構の膨張と機能の低下、投資コストの上昇などがあると考えられる。

2004年7月に開催された浦東新区委員会全会は制度刷新と開放拡大をさらに推進する必要があると指摘し、経済運営の市場化、ビジネス環境の国際化、機能開発の地域化、成長方式の集約化、公共サービスの社会化、政府管理の法治化といったいわゆる「六化」を今後の方針として打ち出した。これに基づいて、同年12月、上海市発展改革委員会と浦東新区政府が上海浦東総合改革試験区の枠組みに関する方案を制定し始めた。そのきっかけは、その前、胡錦濤国家主席と温家宝国務院総理が上海を視察し、浦東が開発開放を一層推進し、制度刷新と開放拡大において引き続き全国の先駆けとなってほしいとの発言をしたからだという(高新才編2008、p.212)。制度刷新と開放拡大を通じて

第 5 章　経済改革から総合改革へ

浦東の開発開放を一層推し進めようという点で中央指導部と上海地方政府の間で認識が一致したと言える。

　2005年初、浦東新区政府は、上海市を通じて、国家発展改革委員会へ国家総合改革試験区指定の申請を出した。それを受理した国家発展改革委員会は浦東へ人を派遣し視察を行ったが、国第1号の総合改革試験区となるわけで慎重な態度をとり、見解を示さないまま国務院へ上申し直接国務院の裁断を仰ぐことにした（高新才編2008、p.212）。一説によれば、国家発展改革委員会が全国でいくつかの地域を選択し総合改革試験を行う構想を考案しており、浦東新区はその情報を知って一歩先んじて申請を出したという（呉敬華ほか2007）。ほどなく結果がわかった。同年6月22日に開催された国務院常務会議（温家宝総理司会）において、上海浦東新区に総合改革試験を行うことが認可された。

　この会議は、総合改革試験区指定の目的について、中国における改革は肝心な段階に来ており、条件のある地域を選び、社会主義市場経済体制を改善するための総合改革試験を行い、経験を積み重ねることは重大な意義があると強調し、また浦東新区総合改革試験の内容について、①政府職能の転換、②経済運営方式の転換、③二元化経済社会構造の転換を中心とするべきであると示している（国家発展改革委員会ホームページ）。

　2006年1月、「浦東総合改革試験総体方案」が批准され、政府職能の転換（行政管理体制改革を進め、公共サービス型政府を築く）、経済運営方式の転換（金融体制、科学技術体制、対外開放体制の改革を進め、高度な市場化・国際化のビジネス環境を整備する）、二元化経済社会構造の転換（都市と農村の二元的な構造を取り除き、調和の取れた社会を構築する）といった3つの転換を中心とする改革試験項目が具体的に盛り込まれた。また浦東新区の位置づけについて、国家発展改革委員会は「浦東は上海の浦東、全国の浦東となるべきだ」というたいへん意味深い文句を付けていた（高新才編2008、p.213）

　なぜ浦東新区が第1号の国家総合改革試験区としてこのようにスム

ーズに国務院から認可されたのか。その理由について中国の専門家の間では、中国の最大の課題は体制転換と政府職能改革であり、浦東が進めている改革はちょうどそれに合致していると見られることや、国家発展改革委員会において、浦東新区が比較的基礎がよくてリスクが小さいとの意見があるなどさまざまな議論があり、筆者はそれに異論がないが、しかし最も重要なのは、国家発展改革委員会から示されたように、上海及び長江デルタ、全国の牽引役としての浦東の役割に対する国の期待が大きい、ということだろうと考える。この結論について、浦東新区側の総合改革試験区指定に対する次のような認識も裏付けられるものとなる。浦東改革と発展研究院姚錫棠院長のコメントによると、「総合改革試験の実施は、国家の浦東開発開放に関しての二度目の措置であり、これは、浦東新区に「二次創業」という新しい推進力を与えるとともに、優遇政策による発展から制度の革新によってより大きな発展空間を獲得することへ転換させるものである」という（上海市浦東新区政府ホームページ）。

　浦東新区総合改革試験区設立の直後に、中央政府関係機関の支持を得て、さまざまな改革テストが始動してきた。例えば、中国人民銀行（中央銀行）上海本部が2005年8月に成立し、率先して多国籍企業に対する外貨資金管理の新しい措置を実施した。国家発展改革委員会、科学技術部、国家知識産権局などが浦東で科学技術体制革新テストを行い、浦東を国家科学技術創新テスト区と国家知識産権テスト区に指定した。商務部、税関総署などが浦東で物流や税関、国際サービスのオフショア業務請負などを含めた対外経済管理体制の改革試行を実施することにした（上海市浦東新区政府ホームページ）。国務院から浦東におけるハイテク企業は経済特区と同じ、所得税「二免三減半」[7]の優遇を受けると発表され、科学技術部がハイテク企業の認定権を浦東新区に委譲することを決めた。2009年10月時点で、中央紀律検査委員会、科学技術部、商務部、中国人民銀行、国家外貨管理局、税関総署などの中央政府部門が浦東新区で20項目余りの改革試行を展開させている

(国家発展改革委員会ホームページ)。

(3) 天津濱海新区

　天津濱海新区は、1994年に天津市政府の手で設立され、その開発開放の促進が謳われたが、上海浦東新区と違って国の発展戦略に盛り込まれなかった。

　2004年3月、第10期全国政協(全国政治協商会議、下同)第2回会議において、天津市の委員が「環渤海経済圏の開発を加速し、新しい成長拠点を創ろう」との提案を行い、環渤海地域の牽引役を育成するために天津濱海新区に対して国が重視し支援するよう要請した。これを受けて、同年4月、全国政協が考察団を派遣し、2回にわたって天津濱海新区を考察し、「環渤海地域経済振興における天津濱海新区の役割を一層増強しよう」をタイトルとしたレポートを国務院に提出し、国はさまざまな面で天津濱海新区を支援し、環渤海地域の経済発展をリードさせようと呼びかけた。11月、温家宝総理はこのレポートに対して「天津濱海新区をよりよく企画し建設することは、天津の長期的発展にかかわるだけでなく、環渤海地域経済の振興においても重要な意義がある」というコメントをし、天津濱海新区開発と国家発展戦略との関連について明確に言及した(高新才編2008)。

　2005年5月、国家発展改革委員会が天津濱海新区に対して現地調査を行い、また6月に温家宝総理が国務院所管の15の部・委員会の長を連れて天津濱海新区を考察し、天津濱海新区の開発開放を速めることは、環渤海地域及び全国発展戦略において非常に重要であり、これは天津の長期的発展にかかわるだけでなく、地域協調発展の促進と国家全体の発展戦略の実施においても重大な意義があるとあらためて強調した。同年10月、胡錦濤国家主席も天津濱海新区を考察し、濱海新区開発開放の加速について重要な講話を発表した。その直後に開催された中国共産党16期5中全会で採択した第11次5カ年計画に関する提案の中に、「濱海新区の発展を加速する」ことが盛り込まれ、濱海新区

の発展は地方の発展戦略から国家レベルの発展戦略にグレードアップされた（高新才編2008）。

　2006年6月、国務院が「天津濱海新区開発開放の推進に関わる関連問題についての意見」を発表し、天津濱海新区を国家総合改革試験区として正式に指定した。

　なぜ天津濱海新区がこれほど中央指導部に重視されているのか。その国家総合改革試験区指定の理由や目的などについて「意見」は異例のことでありながら詳しい説明を盛り込んだ。まず指定の理由として、天津濱海新区は、「天津の発展を牽引し、京津冀（北京、天津、河北）と環渤海地域経済の振興に寄与し、東部・中部と西部の相互促進及び全国経済の協調発展メカニズムの形成のために更なる役割を果たすべきである」との認識を示した上で、「天津濱海新区の開発開放は、東部地域を優先的に発展させ、またこれによって中西部特に「三北」（東北、華北、西北）の発展を牽引し、東・中・西部の相互補完・共同発展を図る国家の地域協調発展メカニズムの形成に重要な意義を持っている」と指摘し、その国の地域協調発展戦略への貢献に対する期待を明確に打ち出した。それに基づいて、「意見」は、天津濱海新区の位置づけと目標について次のように示している。すなわち、京津冀を後背地に、環渤海地域に寄与し、「三北」をカバーし、北東アジアを見据える。中国北部の対外開放の門戸及びハイレベルの最先端製造業、研究開発の基地、国際物流センターになることを目指すとする。

　以上でわかったように、天津濱海新区に対して、中国北部の成長拠点として形成し、さらに環渤海地域及び北部内陸地域（「三北」）を牽引することが大いに期待されており、これはその国家総合改革試験区として指定された最も重要な要因であると言えよう。

　環渤海地域が中国3大経済圏（珠江デルタ、長江デルタ、環渤海）の1つとなっているが、今までは珠江デルタと長江デルタに大きく遅れをとっていた。その原因についてよく指摘されているのは環渤海地域に北京と天津の2大都市があり、互いに競争していた一方、いずれも地

第 5 章　経済改革から総合改革へ

域リーダーとしての存在と役割を実現できなかった。国家総合改革試験区の指定に伴って、天津は明確に環渤海地域及び中国北部の成長拠点として位置づけられ、一躍注目されてきた。一方、北京は全国の政治中心、文化中心と位置づけられた。

　なお、国家総合改革試験区のモデル役として、国務院は濱海新区に対して、地域発展の新しいモデルを模索し、中国全土の改革と発展に経験と手本を提供するよう期待を寄せた。当面の業務重点として次の3つが決められている。①金融制度改革。国の金融関係の改革は原則として濱海新区で先行して試行する。当面では、産業投資基金、創業ベンチャー投資、金融業総合経営、多種所有制の金融企業、外貨管理政策、オフショア金融業務などの面において改革の試行を行う。②土地管理制度改革。土地利用制度の最適化及び土地管理方式の革新を行う。農村集団建設用地の回転及び土地収益の配分を行い、土地供給に対する政府のコントロール能力を強める。③東疆保税港建設。東疆保税港区を設立し、国際中継、国際配送、国際仕入、国際中継貿易と輸出加工などの業務を重点的に発展させ、税関特殊監督管理区域の管理制度の革新を積極的に模索する。これらの改革の推進とあわせて、国からの支援として、財政税収における優遇政策を実施するとしている[8]（濱海新区網）。

(4) 重慶市・成都市

　浦東新区、濱海新区が国家総合改革試験区に指定された後、直ちに「新特区」と呼ばれて注目されてきた。次の「新特区」の指定をめぐって、図表 5 - 6 で示されているように各地で激しい陳情合戦が起こっていた[9]。

図表5－6　各地の試験区指定競争（2007年6月現在）

申請省市	申請試験区名
重慶市	重慶市都市農村協調発展国家総合改革試験区
四川省	成都市都市農村協調発展国家総合改革試験区
湖北省武漢市	武漢国家試験区
湖南省	長(沙)株(洲)(湘)潭都市圏国家総合改革試験区
海南省	海南省国家総合改革試験区
遼寧省	瀋(陽)北新区国家総合改革試験区
広西自治区	北部湾国家経済開発区
浙江省台州市	台州市民営経済総合改革試験区
黒龍江省哈爾濱市	松北区国家総合改革試験区
河南省鄭州市	鄭州市国家総合改革試験区
広東省	広州開発区国家総合改革試験区

出所：中国国家発展改革委員会の資料より作成

　激しい競争の末、2007年6月7日、国家発展改革委員会が「重慶市と成都市における都市農村協調発展国家総合改革試験区設立の批准についての通知」を公布し、重慶市と成都市を国家総合改革試験区に指定した。「通知」では、改革の任務について「できるだけはやく都市農村協調発展の体制を形成させ、両市における都市農村協調発展を促進するとともに、全国の改革の深化及び科学的・調和の取れた発展の実現に模範を示す」としているが、指定の理由についての説明がなかった。前述した国家発展改革委員会経済体制総合改革司孔涇源司長から示された「5つの基準」に基づいて分析すると、重慶市と成都市の指定理由として以下の2点を挙げられると考える。

　第1は、重慶と成都は事実上西部地域の成長センターであり、今後西部地域における成長拠点として大いに期待されることである。国家プロジェクトとして「西部大開発」戦略が2000年に打ち出されているが、その対象地域は中国国土面積の56.8％を占める545.1万km²に達し、これほど広大な地域の開発を一斉に進めるのは相当難しいと言わざるを得ない。その後中国政府は西部に長江上流成都重慶経済ベルトをはじめとする3つの地域を「開発重点区域」として指定し、その優先開発及び他地域への波及を図る方針を決めたが、「重点区域」と言って

も依然として範囲が大きすぎることや、その開発に関する具体的な施策が出されていないことなど多くの問題点があって、西部大開発はなかなか予想通りにいかなかった（張兵2006）。重慶市と成都市の総合改革試験区指定は、西部における成長拠点の樹立を示すものであり、それによって、西部大開発戦略が一層現実性を持つようになった。重慶市と成都市政府側も両市の試験区指定の理由はその西部大開発戦略における役割と重要性にあると見ている。例えば、重慶市財政経済弁公室陳新民副主任は次のように強調している。重慶と成都を選んで総合改革試験を行わせることは、西部大開発のさらなる推進及び地域間格差の縮小、地域協調発展の促進にたいへん有利であるという（聶華林・馬紅翰編著2009、p.353）。

　第２に、重慶市と成都市は典型的な「大都市が大農村を帯同する」構造となっており、またともに都市農村協調発展において長年の改革経験を積んでいる。2007年末の統計によると、成都市1,112.3万人口のうち農村人口は46.5％の516.8万人、重慶市3,235.3万人口のうち農村人口は72.9％の2,358.4万人に及んでいる（戚本超・景体華編2009）。重慶市は2006年５月に新たな都市発展のビジョンと長期戦略を掲げ、そのポイントの１つとして挙げられたのは、「都市農村の調和・連携発展の戦略的モデル地域」を構築することである。そのためにいわゆる「一圏両翼」というプロジェクトが打ち出された。「一圏」とは重慶市中心からの１時間交通圏であり、時間距離を念頭にした都市構造の再編といえる。「両翼」とは万州を中心とした重慶東北発展軸と黔江を中心とした重慶東南発展軸を指し、都市と農村の長期にわたる調和的成長を図ろうとするものである（葉華2008）。2007年初、重慶市は国務院に西部都市農村協調発展試験区建設の構想を提案し、首肯を得たという（高新才編2008）。成都市は2003年から都市農村協調発展の模索を開始し、工業開発区の調整や、都市農村住民の共生を特徴とした新型居住区の建設、農民の都市部への移転誘導などさまざまな施策を講じた。2004年、成都市は全国で先駆けて一元化した戸籍制度の実行を宣

言し、都市戸籍と農村戸籍の区別を撤廃した統一した住民戸籍登録の試行及び農民の都市部移住に関する制限の撤廃に踏み出した（高新才編2008、p.223）。重慶市と成都市におけるこうした努力が都市農村協調発展国家総合改革試験区の指定につながったと言えよう。

(5) 武漢都市圏・長株潭都市圏

　重慶市と成都市が指定された後、国家総合改革試験区指定をめぐっての激しい競争が一転して沈静化してきた。なぜかと言うと、実は東部に上海浦東新区、天津濱海新区、西部に重慶市と成都市がそれぞれ指定された後、次の第4回目の指定は道理で中部地域にほかならないと推測されていたのである（高新才編2008）。国家総合改革試験区指定において地域のバランスがいかに重要であるかがこのことからも理解できる。はたして転機を待っていた中部の武漢都市圏と長株潭都市圏は、2007年12月にともに資源節約型・環境友好型社会建設国家総合改革試験区に指定された。

　新聞の記事によると、湖南省は長株潭国家総合改革試験区の設立を申請するにあたって、長株潭の強みとして①文化の蓄積、②産業の集積、③良好な生態資源を挙げ、また申請が承認される場合、湖南省は土地制度、金融制度、財政制度、戸籍制度、行政区画制度などにおいて優位性を発揮し、チャンスをつかむと表明していたという（人民網）。また湖北省から国務院に提出された申請書も武漢都市圏を中部崛起重要戦略支点の構築を目標とした新型都市化国家総合改革試験区と位置づけている。ここからわかるように、湖南省も湖北省も国家総合改革試験区を申請した際において、自ら「資源節約型・環境友好型」ということについて特に意識しなかったようである。

　両省地方政府の指導者を含めた多くの人が、武漢都市圏と長株潭都市圏が指定されたのは、国家の中部崛起戦略の要請であり、地域経済発展のバランスをとるためであると分析している（高新才編2008、p.225）。つまり「中部崛起」を実現するために中部地域において成長

拠点を指定し育成する必要があり、武漢都市圏と長株潭都市圏はそれにふさわしいと中央政府が見ているからだと見られている。

　もちろん武漢都市圏と長株潭都市圏は「資源節約・環境友好」と無縁であるわけでもない。国家発展改革委員会によると、中部崛起戦略の推進に伴って、海外と東部沿海地域から中部地域への産業移転が増え、中部地域における資源と環境の圧力が大きくなると予想され、これまでの成長モデルと異なった工業化・都市化方式の創出が重要である。武漢都市圏と長株潭都市圏は重工業と製造業が集中する旧工業基地であり、ここで資源節約型・環境友好型社会建設総合改革試験を行い、省エネ・環境にやさしい持続可能な発展方式を模索し、全国の改革と発展に経験と手本を示すことは非常に有意義であるとしている（高新才編2008、p.224〜225）。一方、湖北省李鴻忠省長は、経済発展が進み、資源・環境問題が深刻化している東部沿海地域に比べて、資源・環境問題の状況が比較的よい湖北省と湖南省の場合、成長方式の転換は比較的コストが低く、やりやすいと見ている（高新才編2008、p.225）。

(6) 深圳市

　前述した6つの国家総合改革試験区の国務院文書による明確な指定に比べて、深圳経済特区は事情がちょっと違う。1980年に第1号の経済特区として指定されて以来、深圳は周知のとおり、特殊な優遇政策を梃子に小さな町から珠江デルタ地域の中心都市へと大きく変貌してきた。しかし、全国各地の改革開放が進み経済特区の優位性が失われつつあるなか、経済特区特に深圳の位置づけや将来などが議論されてきた。そうしたなか、2009年1月に国務院から承認し公布された「珠江デルタ地域改革発展計画要綱（2008〜2020年）」では、珠江デルタ地域の改革発展が国家戦略として位置づけられ、また「経済特区特に深圳総合改革試験区は、総合改革総体方案を制定し、順次に改革を推進し、改革の難題の解決を先行して試行し、率先していくつかの重点領域において新たな突破を実現しなければならない」と述べられ、深圳

市は「総合改革試験区」として明確に示された（深圳市政府ホームページ）。2009年5月、「深圳市総合改革総体方案」が国務院から批准され、また同年8月に武漢で開催された全国総合改革試験工作会議における国家発展改革委員会彭森副主任の講話はあらためて深圳市を含めた7つの国家総合改革試験区が国務院から認可されたと説明した（国家発展改革委員会ホームページ）。

　「深圳市総合改革総体方案」は、深圳市における総合改革試験の内容について、①改革の深化及び開放の拡大に関する重要措置、②国際慣例に合致した制度の整備、③体制の革新、④中国本土と香港の経済協力に関する重要措置といった4つを盛り込み、特に対外開放の先行実施エリアとしての位置づけを強調している。深圳経済特区には、1980年代以来の中国対外開放の牽引役としての経験を生かしながら新たな対外開放を推進する役割が期待されている。

(7) その他

　深圳市総合改革試験区設立の後、国務院はしばらくは総合改革試験区の新設をしないとしていたが、2010年5月に8番目の総合改革試験区として瀋陽経済区新型工業化総合改革試験区が新しく設立され、続いて2010年12月に山西省国家資源型経済総合改革試験区、2011年12月に厦門市深化両岸交流協力総合改革試験区が設立され、合わせて計10の国家総合改革試験区が設立することとなっている。その背景に総合改革試験区設立にあたって地域配置のバランスへの配慮があろうと考えられる。上の7つと比べると、新設された3つは改革の重点が特定の分野に置かれるとの特徴を持っている。すなわち、瀋陽経済区は従来型工業から新型工業への転換、山西省は中国の石炭基地として資源依存型経済モデルからの脱却、厦門市は地理の便を活かしながら台湾との交流・協力の強化をはかるものであると言える。

4．国家総合改革試験区から見た中国の改革開放政策の方向性

(1) 成長拠点のリードによる地域協調発展

　第11次５カ年計画では、「東部先行発展の奨励」「西部大開発の推進」「東北旧工業基地の振興」「中部崛起の促進」といった地域協調発展戦略が明確に打ち出されているが、東部、中部、西部、東北のいずれも範囲が広すぎて、限られた資金や人材の効果的な利用を考慮すると、各地域においてそれぞれいくつかの拠点都市を選定し、その育成及び牽引力の発揮を図っていかなければならないと考えられる。東部、西部、中部にそれぞれ成長拠点を樹立するのは今回の国家総合改革試験区の設立が初めてである。これによって、各地域にそれぞれ成長拠点を指定・育成し、成長拠点のリードによる地域協調発展を図る、というような国の意向が明確に示されている。

　前述したように、国家総合改革試験区指定の最も重要な基準として「地域が代表的である」ことが挙げられており、また実際指定の政治過程においても、この方針は忠実に貫徹されてきたのである。2005年6月上海浦東新区が第１号の国家総合改革試験区に指定されて以来、2007年12月まで、全国の18の地方政府から21の国家総合改革試験区設立の申請が出されており、そのうち東部地域から11、中部地域から６、西部地域から４となっている（聶華林・馬紅翰編著2009、p.362）。地域のバランスを考慮した結果、東部地域には南から北へ深圳市、厦門市、上海浦東新区、天津濱海新区の４つ、中部地域には長株潭都市圏、武漢都市圏、山西省の３つ、西部地域には重慶市と成都市の２つ、東北地域には瀋陽経済区の１つ、あわせて10の国家総合改革試験区が指定され、地域的にバランスの良い配置となっている（図表５-７）。改革の内容なども考慮されていたとは言うまでもないが、地域における東中西と南北のバランスを重視し、地域協調発展の戦略方針を最優先することが明確に示されている。要するに、国家総合改革試験区の設立

は、中国における地域協調発展戦略の一環として位置づけることができると言ってよい。

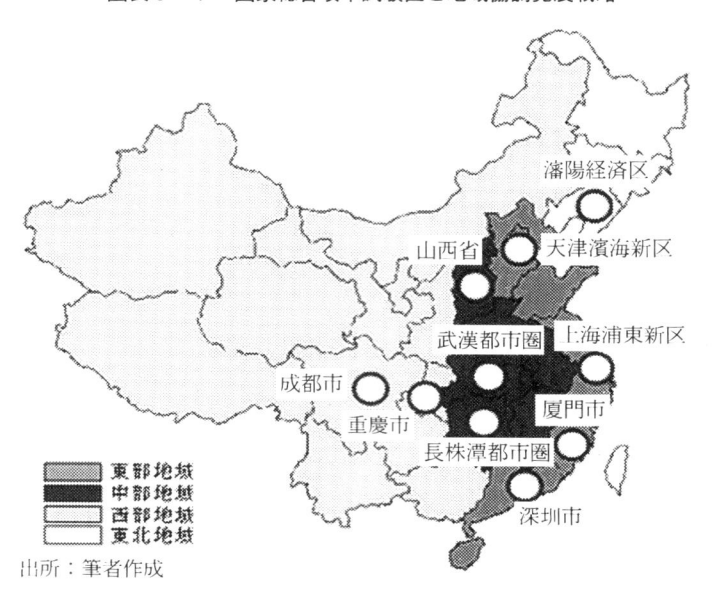

図表 5 − 7 　国家総合改革試験区と地域協調発展戦略

瀋陽経済区
山西省
天津濱海新区
武漢都市圏
上海浦東新区
成都市
重慶市
厦門市
長株潭都市圏
深圳市

東部地域
中部地域
西部地域
東北地域

出所：筆者作成

(2) 経済改革から総合改革への転換

　これまで中国は主に経済体制をめぐって改革を進め、経済成長を図ってきた。これからは経済分野の改革だけでなく、都市・農村二元構造と土地制度の改革、資源節約と環境保護モデルの樹立、地方政府職能の転換などを含む総合的な改革を推進し、経済と社会のバランスのとれた発展を図ろうとしている。これは、中国における改革発展が新しい段階に入ることを意味すると考えられる。ただし、各試験区は同じ内容の改革を行うかというと、必ずしもそうではない。実際には、各試験区は総合改革を方針と目標としながら、それぞれの中心と重点が異なっている。

　浦東新区と濱海新区、深圳市は、経済体制改革の深化、現代市場システムと開放型経済システムを形成させることを中心とする。具体的

には、①ハイレベル産業、先端製造業、近代サービス業の推進体制の整備、②行政管理体制、対外経済体制、社会管理体制の改革の推進が重点となる。

　重慶市と成都市は、都市と農村の一体的・協調的な発展を促進することを中心とする。具体的には、①都市と農村の一体的な発展の促進、②特色産業、優位産業、労働集約型産業の推進体制の整備、③都市農村の一体的な発展に有利な財政、金融、土地管理、労働就業、内陸開放などに関わる改革試験、④工業が農業を育て、都市が農村を帯同するメカニズムを確立し健全化することが重点となる。

　武漢都市圏、長株潭都市圏、瀋陽経済区、山西省は、産業構造の転換、資源節約型・環境友好型社会建設の推進を中心とする。具体的には、①旧工業基地の改造、産業構造の転換及びレベルアップの加速、②新産業の創出、新型工業化と資源節約型・環境友好型モデルの模索、③産業、市場、人材、技術集約、多種所有制経済の共同発展に有利な制度体系の模索などが重点となる。

　厦門市は地理の便を活かしながら周辺地域との交流・協力の強化、対外開放の拡大などが重点となる。

(3) 地方自主権の拡大

　1980年代の経済特区の指定に際しては、特殊政策・優遇措置の付与がその最も大きな特徴であり、同じ1980年代に指定された沿海開放都市及び1990年代の上海浦東開発も経済特区に準じる特殊政策・優遇措置を適用することとされた。浦東新区と濱海新区国家総合改革試験区の指定に際して、国からある程度の優遇措置が与えられたが、かなり限定的なものにとどまっており、さらにその以降指定された国家総合改革試験区の場合、特殊政策・優遇措置は一切付与しないこととされた。しかし、一方では、中央政府から該当地方政府へ制度・体制を創造革新するための権限が委譲された。国家発展改革委員会楊偉民副秘書長の話によれば、国家総合改革試験区は、経済特区とは異なり、

「金も政策も国が与える」ものではなく、国の優遇政策が適用されるわけではない。該当地方政府の自主権を拡大するもので、それを持って大胆に試行を行い、地域と全国のために経験を積むとしている（中国情報局）。要するに、これまでの経済特区など国家政策地域における財政税収をはじめとした特殊政策・優遇措置の付与に取って代わり、国家総合改革試験区には改革試験の権限、自主的に制度・体制を創造革新する権限が委譲され、これによって地方政府における自主権が大きくなることとなっている。これについて国家発展改革委員会経済体制総合改革司孔涇源司長は次のように語っている。改革開放初期の計画体制時代は、特殊な優遇政策を通じて特定の地域における改革を推進することが効果的であったが、現在では市場システムに要請された同一性、普遍性、公平性に基づいて行動しなければならないし、特殊政策のみに頼っての地域モデルは長く成長していけないという（国家発展改革委員会ホームページ）。

5．おわりに

　改革開放以降、中国は目覚しく変貌してきたが、それに東部沿海地域優先と経済成長至上という問題があって、急速な経済成長が実現した一方、地域間格差や都市農村間格差、社会システム整備の立遅れ、資源浪費と環境破壊などさまざまな矛盾や不調和も噴出している。それを背景に、中国政府は改革開放の深化と各地域・各要素の調和の取れた発展へとかじを切った。国家総合改革試験区の設立はその転換の１つの現れである。それから中国における改革開放政策と地域政策の今後の方向性として次の３つを見出すことができる。すなわち、①成長拠点のリードによる地域協調発展の促進、②経済体制改革から行政体制改革、都市農村の一体的な発展の促進、省エネ・環境保全型成長モデルの樹立を含めた総合的な改革への転換、③中央から地方への権限移譲と地方自主権の拡大、の３つである。そのため、国家総合改革試験区は大いに期待されているが、いずれもまだ日が浅いので、効果

第 5 章　経済改革から総合改革へ

を見出し議論するには時期尚早である。今後その動向を見守る必要がある。ここで特に指摘しておきたいのは、各試験区は総合改革の旗印を掲げているものの、改革試験の総体方案及び最近の動きを見て経済開発と経済成長を重視する姿勢が依然強く感じられ、経済発展が優先されて総合改革が後手に回られる可能性がないとは言えない、ということである。

　もう 1 つ、中央政府側においては、法政策整備の遅れの問題がある。指定の目的や申請条件、審査基準、推進措置、指導監督体制など国家総合改革試験区に関わる諸般の事項を明確に示すために、関連する法政策を早急に整備しなければならないと考えられる。

注——
1）湖北省都武漢市とその周辺の黄石市、鄂州市、孝感市、黄岡市、咸寧市、仙桃市、潜江市、天門市など 9 都市からなっており、面積、人口、GDPはそれぞれおおよそ湖北省全体の30％、50％、60％を占めている。
2）湖南省の長沙市（省都）、株洲市、湘潭市を中心に、その周辺の岳陽市、常徳市、益陽市、衡陽市、婁底市を含めた（いわゆる「3＋5」）都市圏。湖南省総面積の約30％で、人口とGDPは湖南省全体の約40％を占めている。
3）1980年代、対外開放促進のために深圳、珠海、汕頭、厦門（アモイ）、海南の 5 カ所が「経済特区」として指定された。「経済特区」は特殊な経済管理と優遇措置が認められた特別の地区として、中国における改革開放戦略を象徴する存在であった。これらの経済特区への連想から、国家総合改革試験区はしばしば「新特区」と呼ばれる。
4）「資源節約型・環境友好型」の略。
5）2006年、中国のCO_2排出量の世界に占めるシェアは20.7％（60.2億トン）で、米国の20.3％（59.1億トン）を超えて世界第 1 位のCO_2排出大国となった（関志雄2009）。
6）共産党は常に先進的生産力発展の要請、先進的文化の前進方向、最も広範な人民の根本的利益を代表すること。
7）利潤が出た最初の 2 年間は免税、その後の 3 年間は税金半減とのこと。
8）具体的に、これには、ハイテク企業の所得税を15％で徴収すること、内資企業の賃金課税基準を引き上げること、企業の固定資産と無形資産に減価償却

を加速する優遇政策を実施すること、一定時期内に濱海新区の開発建設に専用補助金を与えることなどがある（濱海新区網）。

9）その原因として次の3点を挙げることができる。①試験区指定に伴う中央政府から地方への権力移譲と地方自主権の強化、②財政、税収、金融、土地などにおける優遇政策や支援措置の享受、③総合改革試験区に指定されることは、関連地域における成長拠点となることを意味すると考えられること。

参考文献

関志雄（2009）『チャイナ・アズ・ナンバーワン』東洋経済新報社
厳善平（2006）「戸籍制限撤廃で農民の都市への移動促進を」日本経済研究センター・清華大学国情研究センター編『中国の経済構造改革』日本経済新聞社
呉敬華ほか（2007）『中国区域経済発展趨勢与総体戦略』天津人民出版社
高新才編（2008）『中国経済改革30年：区域経済巻』重慶大学出版社
聶華林・馬紅翰編著（2009）『中国区域経済格局与発展戦略』中国社会科学出版社
戚本超・景体華編（2009）『中国区域経済発展報告（2008〜2009）』社会科学文献出版社
張兵（2006）「北海道開発の経験から見た中国の西部大開発の課題」『大阪府立大学経済研究』第52巻第2号
葉華（2008）「和諧社会時代の地域・都市発展戦略」野村総合研究所・此本臣吾編著『2015年の中国』東洋経済新報社

国家発展改革委員会ホームページhttp://www.ndrc.gov.cn
上海市浦東新区政府ホームページhttp://www.pudong.gov.cn
深圳市政府ホームページhttp://www.shenzhen.gov.cn
人民網http://www.people.com.cn
中国情報局http://news.searchina.ne.jp
濱海新区網http://www.bh.gov.cn

第6章　陸域開発から海域開発へ
　　　　──海洋経済発展モデル区の展開

1．はじめに

　中国の海洋発展戦略が中国国内及び日本を含めた関係諸国において最近大きくクローズアップされている。その背景には、中国は「海洋強国の建設」というスローガンを打ち出し、そのため次から次へと関連戦略や法政策を策定してきており、一方、「海洋発展」という対外的イメージがゆえに、周辺関係諸国及び米国における関心度が高まっているとの事情があると考えられる。

　しかし、中国の海洋への重視と取組みは主に海洋資源の開発や海洋経済の発展を中心とした平和的海洋事業に重点が置かれており、その研究については、「非軍事的側面の分析は重要である」との指摘があるものの（石田2012）、日本などの関係諸国においては「軍事的側面から分析されることが多い」し（石田2012）、管見の限り、その多くは学術的な研究とは言いにくい。

　本章では、中国における「海洋発展戦略」の概念を明確にするうえで、その最も重要な1つである「海洋経済発展戦略」について、その政策展開と実態、課題などを山東半島藍色経済区発展規画の事例を利用しながら分析する。

2．中国の海洋発展戦略とは
(1) 中国の海洋と海洋資源

　中国は960万km²の陸地面積を持つ大陸国家でありながら、1万8,000kmの大陸海岸線と1万4,000kmの島嶼海岸線があり、面積500m²以上の島嶼6,500と300万km²に及ぶ管轄海域を擁している（「人民中国」2013年9月号）。このため中国は、「わが国は海洋大国であり、管轄海域が広

大で、海洋資源の開発・利用の潜在力が大きい」(「全国海洋経済発展計画要綱」)との認識を持っている。

その海洋資源は種類が多いが、中国の研究者はふつう7つに分類していると報告されている。すなわち、①海水及び海水化学資源、②海洋生物資源(漁業、養殖、薬用生物)、③海洋固体鉱物資源(鉱砂、熱床、鉱物、貝殻など)、④海洋エネルギー資源、⑤海洋能力資源(浪、潮、海流、潮流、温度差、塩分差)、⑥海洋空間資源(海面空間、海水空間、海底空間)、⑦海洋観光資源(海水運動、海洋景観、海洋生物、海洋活動遺跡)の7つである(石田2012)。

またその具体的な規模・埋蔵量については、中国政府の公式文書は特に「海洋生物、石油・天然ガス、固体鉱物、再生可能エネルギー、海浜観光などの資源が豊富」であると強調したうえで、以下のように示している。「海洋生物は2万種余り、海洋魚は3,000種余り。海洋石油資源量は約240億トン、天然ガス資源量は14兆m^3。海浜の砂鉱資源の埋蔵量は31億トン。海洋の再生可能エネルギーの理論包蔵量は6億3,000万kW。海浜観光名所は1,500ヵ所余り。深水海岸線は400km余り、深水港立地は60ヵ所余り。干潟面積は380万ha、水深0〜15mの浅海面積は12.4万km^2ある。このほか、わが国は国際深海底区域に、7.5万km^2の多金属団塊鉱区を持っている」という(「全国海洋経済発展計画要綱」2003)。

しかし、海洋関連の事業は中華人民共和国建国と同時に始まったものであるが(姜旭朝・張継華編2012)、中国政府の公式見解によると、「海洋資源開発を国家発展戦略の重要な内容とし、海洋経済発展を経済振興のための重大な措置とし、海洋の資源・環境保護、海洋管理と海洋事業への投資を徐々に増やしている」のは「20世紀90年代以降」のことであり、その原因については、「海洋経済のマクロ指導、調整と計画が欠如し、海洋資源の開発管理体制が不備であること」や「海洋科学技術の全体的水準が低く、新興の海洋産業の形がまだ整っていない」こと、「海洋経済発展のための基盤施設と技術装置が相対的に

遅れている」ことなどが挙げられるという（「全国海洋経済発展計画要綱」2003）。つまり、中国の海洋への取組みは、これらの原因で1990年代までは立ち遅れてしまったが、その原因が解決された、または解決されつつあるため、1990年代以降、ようやく実現するようになったのである。

(2) 中国の海洋発展戦略の政治過程

考察によると、1991年1月8日～11日、中国初の全国海洋工作会議が北京で開かれ、この会議で「90年代わが国の海洋政策と工作要綱」が採択され、中国の海洋政策について、海洋経済発展を中心として、権益・資源・環境・減災の4つにわたって展開していく、との方針がその中に盛り込まれた（姜旭朝・張継華編2012）。これを皮切りに、1992年に「中華人民共和国領海及び隣接区域法」、1996年に「中国海洋21世紀議程」及び「中国海洋21世紀議程行動計画」、1998年に「中国海洋事業の発展白書」、2000年に「中華人民共和国海洋環境保護法」、2002年に「全国海洋機能区画」などが次々と策定されてきた。

初めて国の戦略として正式に「海洋開発の実施」を表明したのは2002年の中国共産党第16回全国大会であり、その後、2007年の同第17回全国大会に「海洋経済の発展」、2012年の第18回全国大会に「海洋強国の建設」が打ち出され、事実上国家戦略を定める共産党大会において海洋発展についての姿勢と決意がしだいに強く示されてきた。

それを受けて、2006年の全国人民代表大会は第11次5カ年計画（2006－10年）において初めて「海洋」という単独の項目を取り入れ、その中で、「海洋意識を強化し、海洋権益を守り、海洋生態を保護し、海洋資源を開発し、海洋総合管理を実施し、海洋経済発展を促進する」とし、次いで2011年に採択された第12次5カ年計画（2011－15年）において、「海洋経済発展の推進」が初めて1つの「章」として取り入れられ、「陸海を統一的に計画することを堅持し、海洋発展戦略を制定・実施し、海洋の開発、支配、総合管理能力を高める」としたのである。

図表 6 －1 は中国の海洋発展戦略に関する主な法政策をまとめたものである。日本の海洋基本計画に相当する海洋事業に関する総合計画として、1996年に「中国海洋21世紀議程」及び「中国海洋21世紀議程行動計画」が国家海洋局により策定された。2008年に「国家海洋事業発展計画要綱」が策定され、またそれを見直した「国家海洋事業発展「12・5」計画」が2013年4月に策定された[1]。

　海洋の安全管理に関するものとして、2002年に「海域使用管理法」、2009年に「海島保護法」、2012年に「全国海島保護計画」が策定された。

　海洋経済発展に関するものとして、2002年に「全国海洋機能区画」が策定され、それを見直した「全国海洋機能区画（2011～2020年）」は2012年3月に策定された。2003年に策定された「全国海洋経済発展計画要綱」とそれを見直した「全国海洋経済発展「12・5」計画」（2012年9月）は中国の海洋経済発展のマクロ戦略を窺わせるものである。地域ごとに策定された海洋経済発展計画はこれまで、「山東半島藍色経済区発展規画」、「浙江海洋経済発展モデル区規画」、「広東海洋経済総合試験区発展規画」、「福建海峡藍色経済試験区発展規画」、「天津海洋経済科学発展モデル区規画」の5つがある。

　海洋科学技術に関するものとして、2008年の「全国科（学）技（術）興海計画要綱」をはじめとして、「「12・5」海洋科学と技術発展計画要綱」、「全国海洋人材発展中長期計画要綱（2010～2020年）」、「国際海域資源調査と開発「12・5」計画」、「陸海観測衛星発展計画（2011～2020年）」、「全国海洋標準化「12・5」計画」などがあって、第12次5カ年計画に基づいたものが多い。

第 6 章　陸域開発から海域開発へ

図表 6 - 1　中国の海洋発展戦略の展開

分類	法政策名	策定年
総合	「中国海洋21世紀議程」	1996
	「中国海洋21世紀議程行動計画」	1996
	「国家海洋事業発展計画要綱」	2008
	「国家海洋事業発展「12・5」計画」	2013
海洋安全管理	「海域使用管理法」	2002
	「海島保護法」	2009
	「全国海島保護計画」	2012
海洋経済発展	「全国海洋機能区画」	2002
	「全国海洋経済発展計画要綱」	2003
	「全国海洋機能区画（2011～2020年）」	2012
	「全国海洋経済発展「12・5」規画」	2012
	「山東半島藍色経済区発展規画」	2011
	「浙江海洋経済発展モデル区規画」	2011
	「広東海洋経済総合試験区発展規画」	2011
	「福建海峡藍色経済試験区発展規画」	2012
	「大津海洋経済科学発展モデル区規画」	2013
海洋科学技術	「全国科（学）技（術）興海計画要綱」	2008
	「12・5」海洋科学と技術発展計画要綱」	2011
	「全国海洋人材発展中長期計画要綱（2010～2020年）」	2011
	「国際海域資源調査と開発「12・5」計画」	2012
	「陸海観測衛星発展計画（2011～2020年）」	2012
	「全国海洋標準化「12・5」計画」	2012

出所：各種資料より筆者作成

　海洋の総合管理及び開発利用を強化するために、関連機構の設置・再編も進められている。従来、海洋関連事務を総合的に管理するのが1964年に設置された国家海洋局であるが、海洋監視については、国家海洋局（「海監」、海洋環境監視）と公安部（「海警」、国境警備海洋警察）、農業部（「漁政」、漁業監督）、交通運輸部（「海巡」、航行安全管理）、海関総署（「海関」、海上密輸取締）の5つがそれぞれ所管してきた。[2]2013年7月、海洋監視の職能は国家海洋局に統合され、「中国海警局」の名で行われるようになった（図表 6 - 2）。なお、国家海洋局のうえに、国家海洋委員会が新しく設置され、国家レベルの海洋戦略の策定や政府内の関連政策の調整に当たらせるが、国家海洋局はその執行機関として位置づけられる。こうして国家海洋局の権限が強化されるようになった

が、外国で大いに注目されている「中国海警局」の名で行われる海洋監視はあくまでもその職能の1つにすぎず、この一連の関連機構の再編・設置により、中国における海洋発展戦略の策定と実施に関する総合的能力が大きく高まってきたと言えよう。

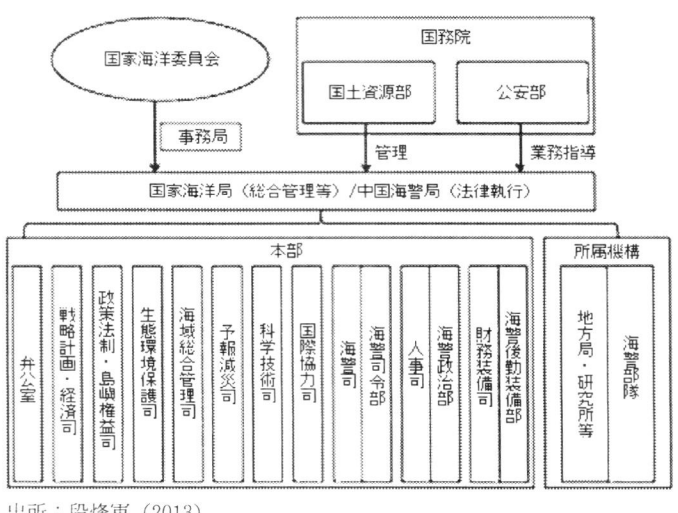

図表6-2　再編された国家海洋局関連組織図

(国家海洋委員会 → 事務局)
(国務院：国土資源部、公安部) → 管理／業務指導
国家海洋局（総合管理等）/中国海警局（法律執行）

本部：
- 弁公室
- 戦略計画・経済司
- 政策法制・島嶼権益司
- 生態環境保護司
- 海域総合管理司
- 予報減災司
- 科学技術司
- 国際協力司
- 海警司
- 海警司令部
- 人事司
- 海警政治部
- 財務装備司
- 海警後勤装備部

所属機構：
- 地方局・研究所等
- 海警部隊

出所：段烽軍（2013）

　以上からわかるように、中国における海洋発展戦略は1990年代以降、特に近年に急速に展開されたものである。それは中国の軍事力による海洋進出戦略とされて大いに注目されているが、実に包括的なものであり、海洋安全管理戦略と海洋経済発展戦略、海洋科学技術戦略の3つに大きく区分することができて、またその中、海洋経済発展戦略が最も核心的で重要な部分であり、海洋科学技術戦略も海洋安全管理戦略もそれを支えるためのものである。

　先行研究を調べたところ、前述したように、海洋安全管理戦略についての論評、すなわち「軍事的側面の分析」が比較的多くあるが、学術的なものは非常に少ない。海洋経済発展戦略についての研究として、

第 6 章　陸域開発から海域開発へ

江原（2007）、李珠江・朱堅真（2007）、石田（2012）、姜旭朝・張継華編（2012）を、海洋科学技術戦略についての研究として、黄良民（2007）、工藤（2010）などを挙げることができるが、これらの先行研究はその戦略の概要紹介あるいは展開過程の紹介にとどまっている。なお、中国における海洋発展戦略の全体の概要及び最新の動向については、段烽軍（2012）、段烽軍（2013）が参考になる。

（3）第12次 5 カ年計画期間における海洋発展戦略

　ここでは「中華人民共和国国民経済と社会発展第12次 5 カ年計画」と「国家海洋事業発展「12・5」計画」に基づいて、第12次 5 カ年計画期間（2011－15年）における中国の海洋発展戦略について以下にまとめておこう[3]。

　全体的指導方針について、陸海を統一的に計画することを堅持し、海洋発展戦略を制定・実施し、海洋の開発、支配、総合管理能力を高めるとされている。

　海洋経済の発展について、以下のように決められている。①科学的計画を立てて海洋経済を発展させ、海洋資源を合理的に開発・利用し、海洋石油・ガス、海洋輸送、海洋漁業、海浜観光などの産業を積極的に発展させ、海洋バイオ医薬品、海水総合利用、海洋エンジニアリング装置製造などの新興産業を育成し拡大する。②港湾・海岸資源の統合をされに進め、港湾の配置を最適化する。③海洋の主体機能区計画を策定・実施し、海洋経済の空間配置を最適化する。④山東、浙江、広東、福建、天津における海洋経済発展に向けた試験的取組を進める。

　海洋科学技術の発展について、以下のように決められている。①海洋の基礎的、先行的、基幹的技術研究開発を強化し、海洋科学技術水準を高め、海洋開発利用の能力を強める。②海洋環境保護と陸源汚染防止を統一的に考え、海洋生態系の保護と修復に力を入れる。③近海資源の過度の開発を抑制し、海面干拓の管理を強化し、無人島の利用活動を厳格に規範化する。④海洋総合調査と測量・地図作成活動を強

化し、極地、大洋の科学観測を積極的に展開する。

　海洋の安全管理について、以下のように決められている。①海域と島の管理を強め、海域使用権市場の仕組みを整え、島の保護・利用を進め、離島の発展を後押しする。②海洋の防災減災体制を充実させ、海洋での突発事件の緊急対応能力を強化する。③海洋関連の法律・法規と政策を整備し、海洋での法執行力を強化し、海洋資源開発の秩序を守る。④二国間・多国間の海洋問題協議を強化し、国際海洋実務に積極的に参加し、海上輸送ルートの安全を保障し、中国の海洋権益を守る。

3．中国の海洋経済発展戦略の展開
(1) 海洋経済発展戦略とは

　2003年に策定された「全国海洋経済発展計画要綱」は、「わが国は海洋大国であり、管轄海域が広大で、海洋資源の開発・利用の潜在力が大きい。海洋産業の発展を速め、海洋経済の発展をはかることは、国民経済の新たしい成長点の形成、小康社会全面建設の目標実現にとって重要な意義がある」としたうえで、中国における海洋経済発展の原則と目標、海洋産業の分類、海洋経済区域の配置、海洋経済発展の措置などについて具体的に規定を行った。2012年に策定された「全国海洋経済発展「12・5」規画」は同要綱を見直し、特に海洋産業の分類や海洋経済区域の配置、第12次5カ年計画期間における海洋経済発展の目標について修正・追加を行った。この2つは、中国における海洋経済発展戦略についての綱領的文書であると言える。図表6－3はこの2つの文書に基づいてまとめた中国における海洋経済発展戦略の概要である。

第 6 章　陸域開発から海域開発へ

図表 6 − 3　中国の海洋経済発展戦略の概要

海洋産業の分類及びその課題	海洋経済区域の配置	海洋経済発展の目標	海洋経済発展の措置
1.伝統海洋産業の革新・向上 ①海洋漁業 ②海洋船舶業 ③海洋石油・ガス産業 ④海洋塩業・化学工業 2.新興海洋産業の育成・強化 ⑤海洋設備製造業 ⑥海洋生物医薬業 ⑦海洋再生エネルギー業 ⑧海水利用業 3.海洋サービス業の育成・発展 ⑨海洋交通運輸業 ⑩海洋観光業 ⑪海洋文化産業 ⑫海洋関連金融サービス業 ⑬海洋公共サービス業	1.北部海洋経済圏 ①遼東半島沿岸及び海域 ②渤海湾沿岸及び海域 ③山東半島沿岸及び海域 2.東部海洋経済圏 ④江蘇沿岸及び海域 ⑤上海沿岸及び海域 ⑥浙江沿岸及び海域 3.南部海洋経済圏 ⑦福建沿岸及び海域 ⑧珠江口沿岸及び海域 ⑨広西北部湾沿岸及び海域 ⑩海南島沿岸及び海域	1.海洋経済発展の全体的目標海洋経済構造と産業配置を最適化し、海洋支柱産業と新興産業を発展させ、国民経済における海洋経済の比重及び海洋産業の国際競争力を一層高める。それぞれの特色ある海洋経済区域を形成し、海洋経済を国民経済の新たな成長点にし、中国を徐々に海洋強国に築き上げる。 2.海洋経済発展の数値目標 GDPに占める海洋産業の割合を2010年に5％以上に、2015年には10％に到達させる。	1.法政策を整備し、国の海洋経済に対するマクロ指導を強化し、海洋管理体制を健全化する。 2.海洋科学技術と管理人材の養成を速め、科学技術による海洋振興を実現する。 3.投融資ルートを広げ、民間資本の海洋産業への投資を奨励・誘致する。 4.海洋生態環境保護を強化し、海洋経済の持続可能な発展を保障する。 5.沿海島嶼のインフラ整備を支援し、対外開放分野を拡大する。 6.海洋防災減災能力を高め、情報システムと安全管理体制を整備する。

出所：「全国海洋経済発展計画要綱」、「全国海洋経済発展「12・5」規画」より筆者作成

　中国の海洋産業及び海洋関連産業の分類について、要綱では8種に、規画ではさらに第3産業について細分化し、13種に区分している。具体的に、①海洋漁業、②海洋船舶業、③海洋石油・ガス産業、④海洋塩業・化学工業、⑤海洋設備製造業、⑥海洋生物医薬業、⑦海洋再生エネルギー業、⑧海水利用業、⑨海洋交通運輸業、⑩海洋観光業、⑪海洋文化産業、⑫海洋関連金融サービス業、⑬海洋公共サービス業の13の業種である。

中国の海洋経済区域については、北から南へ北部海洋経済圏、東部海洋経済圏、南部海洋経済圏の3つに大きく区分し、さらに省ごとに10の海洋経済区域に分けている。すなわち、①遼東半島沿岸及び海域、②渤海湾沿岸及び海域、③山東半島沿岸及び海域、④江蘇沿岸及び海域、⑤上海沿岸及び海域、⑥浙江沿岸及び海域、⑦福建沿岸及び海域、⑧珠江口沿岸及び海域、⑨広西北部湾沿岸及び海域、⑩海南島沿岸及び海域、である。

　中国海洋経済発展の全体的目標として、要綱は、海洋経済構造と産業配置を最適化し、海洋支柱産業と新興産業を発展させ、国民経済における海洋経済の比重及び海洋産業の国際競争力を一層高める。それぞれの特色ある海洋経済区域を形成し、海洋経済を国民経済の新たな成長点にし、中国を徐々に海洋強国に築き上げるとしている。

　中国海洋経済発展の数値目標として、要綱は、2010年にはGDPに占める海洋産業の割合を5％以上に到達させるとしており、後述するように、これはすでに達成している。第12次5カ年計画の2011－15年間については、規画は、海洋生産の増長率を年8％維持し、2015年にはGDPに占める海洋産業の割合を10％にするとしている（図表6－4）。

図表6－4　第12次5カ年計画期間（2011－15年）の海洋経済発展の主な目標

項目・指標		2010年	2015年	年平均増長
経済発展	海洋生産額年平均増長率（％）			8
	海洋生産額がGDPに占める割合（％）	9.9	10	
	海洋関連産業新規雇用増加（万人）		(260)	52
科学技術	海洋研究・実験経費が海洋生産額に占める割合（％）	1.48	2	
	海洋科学技術成果の実用化率（％）		>50	
	海洋経済における科学技術の貢献度（％）	54.5	>60	
構造調整	新興海洋産業が海洋生産額に占める割合（％）	1.6	>3	
	海洋サービス業年平均増長率（％）			9
環境保護	新規海洋保護区設立（箇所）		(80)	16
	海洋保護区面積が管轄海域面積に占める割合（％）	1.1		

注：（　）内は5年間の数値目標。
出所：「全国海洋経済発展「12・5」規画」より筆者作成

（2）海洋経済発展戦略の背景

　なぜ中国は近年海洋の開発利用を急ごうとしているのか。段烽軍（2012）はその背景に、中国の「経済の高度成長と陸域資源制約により起きた経済社会の持続可能性に対する危機感」があると指摘している。すなわち、経済の急速な成長に伴って、食料やエネルギー、水資源の不足問題がますます深刻化してきたのに対して、中国は「海洋から食料、海洋からエネルギー、海洋から資源」との方針を確立して、海洋開発利用を急速に推進してきたのである。

　中国における資源・エネルギーの事情を考えると、その海への資源獲得志向についての以上の指摘は理解できると言える。しかし、理由はこれだけであろうか。

　2003年に策定された「全国海洋経済発展計画要綱」は、「海洋経済の発展をはかること」の意義として、「資源の備蓄と保障」といった点以外に、①「国民経済における海洋経済の地位を引き上げ」、「国民経済の新しい成長点」を形成させることと、②「海洋産業を沿海地区の支柱産業に」し、「若干の海洋経済強省（自治区、直轄市）を作り上げる」こと、③「海洋経済の発展を国防力の増強、海洋権益の保護、海洋環境の改善と照応させ」、「海洋経済の発展と国防建設が相互に促進」することなどを挙げている。また、2011年2月、中国海洋局孫志輝局長はインタビューのなかで、次のように述べている。「中国経済において、海洋経済の重要性が日増しに高まっている。2009年、中国の海洋経済生産総額は3兆1,964億元で国内総生産（GDP）の9.53％を占めた。また、新たに3,200万人分以上の雇用を生み出しており、海洋経済は中国経済の新たな目玉となっている」、（中略）「政府は海洋経済の健全な発展を導くべく、ここ数年、一連の政策を次々と推し進めている」、（中略）「地域政策に関して、国務院は2006年から現在まで、10以上の沿岸地域計画を批准している」、（中略）「国家戦略として沿岸地域の経済は徐々に整備されていき、沿岸地域の開発・開放は新たな発展段階に突入することになる」という（チャイナネット2011年2月28日）。

ここからわかるように、中国が海洋経済の発展に力を入れようとする背景には、資源・エネルギーの獲得確保といった事情以外に、国民経済における新しい成長点の形成、海洋という優位性の発揮による沿海地域の新たな発展、海洋における国防力の増強などの狙いがあると考えられる。

(3) 海洋経済発展の現状と展望

　中国の海洋産業の生産額は改革開放政策が始まった直後の1980年は80億元にすぎなかったが、1990年には447億元、2000年には4,133億元、2010年には3兆8,439億元、2011年には4兆5,570億元と急増し（石田2012、中国海洋信息網）、2012年には前年比7.9％増の5兆87億元に達し、同年全国GDPの9.6％を占めるようになった（中国海洋信息網、図表6－5参照）。国家海洋局海洋発展戦略研究所が2013年5月に発表した「中国海洋経済発展報告（2013年版）」によると、中国海洋経済は安定的で急速な伸びを維持しており、海洋関連の生産規模、産業構造、雇用のいずれも著しい成果を上げている。海洋経済の空間配置は基本的に完成しているし、新興海洋産業及び海洋科学技術は海洋経済の発展を牽引することになり、これからも中国の海洋経済は成長期が続き、2030年ごろには、中国海洋産業の生産額は20兆元を超え、GDPに占める割合は15％を超えるだろうと予測されている（人民網2013年5月21日）。

　1990年代以来、世界海洋経済のGDP年平均成長率は11％で、同期の世界経済の成長率3～4％を大幅に上回っている。米国、日本のGDPに対する海洋経済の貢献度はともに50％を超え、ヨーロッパの海洋産業生産額は欧州連合（EU）のGDPの40％以上を占めている（『人民中国』2013年9月号）。日本を含む世界の海洋大国と比べて中国における海洋経済の発展は、その規模と産業構造のいずれから見ても大きく遅れていると言わざるを得ない。しかし、陸域における経済発展の制約から見れば、今後中国の経済発展はますます海洋に依存することになるし、一方では海洋開発関連のハードとソフトの両方の整備・蓄積

がある程度できており、国と地方がともに海洋の開発利用に力を入れようとしているので、中国における海洋経済の発展は今後一層加速していくと見てよかろう。

図表6－5　中国の産業別・地域別海洋生産額（2012年）

		産業別/地域別生産額(億元)	全国海洋生産総額に占める割合(%)
産業別	第1次産業	2,683	5.3
	第2次産業	22,982	45.9
	第3次産業	24,422	48.8
	3産業計	50,087	100.0
地域別	環渤海地区	18,078	36.1
	長江デルタ	15,440	30.8
	珠江デルタ	10,028	20.0
	3地域計	43,546	86.9

出所：中国海洋局編『2012年中国海洋経済統計公報』より筆者作成

4．山東半島藍色経済区発展規画

(1) 山東省と山東半島の概況

　山東省は中国東部の沿岸部に位置し、陸地面積は15.71万k㎡、2012年末時点の総人口は約9,685万人。2012年、山東省のGDPは50,013.24億元を達成し、広東、江蘇に次いで全国第3位となっている（中国統計年鑑2013年版）。

　山東半島は中国最大の半島で、渤海と黄海に臨み、東は海を隔てて朝鮮半島、日本列島と向き合っている。また西に黄河中下流流域、南に長江デルタ都市圏、北に京津冀（北京・天津・河北）都市圏があり、渤海地域と長江デルタ地域の結合部、黄河流域で最も便利な海に出るルート、北東アジア経済圏の重要な部分である（図表6－6）。

図表6－6　山東省位置図

出所：筆者作成

　同省は3,024.4kmの大陸海岸線と20以上の天然港湾、296もの島々、17万km²に及ぶ海域面積を擁している。海洋漁業、海洋塩業、海上運輸などの伝統海洋産業は発達し、海水の総合利用や海洋資源・エネルギーの開発利用なども進んでいる（山東省政府ホームページ）。

(2) 山東半島藍色経済区発展規画の認可とその背景

　山東省は1990年代から「海上山東」というスローガンを打ち出し、海への取り組みを始めた。2009年4月、胡錦濤国家主席（当時）が山東を視察し、「海洋経済を発展させ、海洋資源を開発し、海洋関連産業を育成し、山東半島藍色経済区を建設する」との指示をした。それを受けて、山東省は山東半島藍色経済区の構築に関する構想を打ち出し、その計画案を策定することにした。2009年6月、中国共産党山東省委員会・山東省政府が「山東半島藍色経済区の建設に関する指導意見」を公布した。2010年4月、山東省政府が正式に「山東半島藍色経

済区発展規画要綱」を採択し、国務院へ提出し、次いで8月に国務院へ「山東半島藍色経済区発展規画」及び「山東半島藍色経済区改革発展試験総体方案」を提出した。2011年1月4日、「山東半島藍色経済区発展規画」は国務院から承認された。

　国に認可された中国初の海洋経済をテーマとする地域発展戦略として、同規画の認可・実施にはどのような背景と意味があるだろうか。

　山東半島は海洋経済をテーマとする地域発展戦略として選ばれた理由について、国務院と山東省側から特に明確な説明がなかったが、以下の3つから理解することができると思う。

　第1に、国務院から認可された「山東半島藍色経済区発展規画」において、同経済区の戦略的位置づけについて以下のように決められている。すなわち、①国際競争力を持つ現代海洋産業集積地区と、②世界先進レベルの海洋科学技術教育中心地区、③国の海洋経済改革開放先行地区、④国の重要な海洋生態文明モデル地区を建設することである。

　第2に、山東省側は山東半島藍色経済区発展規画を打ち出すにあたって、その意義について次のように示している。山東半島藍色経済区発展規画の実施は、①海洋資源の開発利用によって国民経済発展空間の拡大につながること、②現代海洋産業と新興海洋産業の育成によって新しい経済成長極の形成につながること、③海洋生態環境保護と科学的な海洋資源利用方法の模索によって海洋生態文明の保全につながること、④青島をはじめとする国際港湾の整備強化によって北東アジア諸国との国際協力の深化につながることができる、という。

　第3に、周辺諸国との関係について、同規画は「中日韓地域経済協力試験区を建設し、北東アジア国際海上運輸中枢及び国際物流センターを創り出す」との宣言を打ち出し、またそれにあわせて、山東半島藍色経済区建設弁公室の費雲良主任は、山東半島藍色経済区の建設過程では、海洋産業国際協力、投資と貿易の円滑化、国際交通と物流、電子通関などに関するテスト事業を先行させ、同経済区は中日韓地域

経済協力のテストエリアになる見込みだと述べている（人民網2011年2月14日）。

　前述したように、山東半島は中国最大の半島であり、海洋経済発展の潜在力が著しい。また実際にその海洋への取組みが比較的早く、海洋産業の生産額及び海洋科学技術のレベルは全国から見ても抜群である[5]。このような優位性及びその地理的特徴から、山東半島藍色経済区発展規画の認可・実施は次のような背景と意味があろうと考えられる。

　第1に、山東半島の地理的・産業的優位性は国の海洋経済発展戦略に合致し、国の海洋経済発展戦略試験区として期待されている。これは、中国における経済発展はその空間が陸域から海域へ拡がり始めたことを意味すると言えよう。

　第2に、山東半島の地理的・産業的優位性は国及び山東省の地域経済発展戦略に合致し、長江デルタと京津冀といった2つの巨大都市圏の間で地盤沈下しつつある山東省にとって、山東半島藍色経済区発展規画はその優位性を活かし、地域経済の振興を起こす起爆剤として期待されている。これは、中国の沿海省市は地元の長所を生かしながら一層地域発展を図ろうとしていることを意味すると考えられる。

　第3に、山東半島の北東アジア諸国に隣接する地理的優位性は国の中日韓自由貿易圏及び北東アジア経済圏の推進戦略に合致し、中日韓及び北東アジア地域経済協力のテストエリアとして期待されている。これは、中国の地域発展戦略は国内にとどまらず、周辺外国との連携・協力も視野に入れようとすることを意味すると言えよう。

　言い換えれば、山東半島藍色経済区発展規画は、陸域から海域へ発展空間の拡大を図る中国の海洋経済発展戦略の産物であると同時に、沿海地域の優位性を生かしてその地域の振興を図る中国の地域協調発展戦略の産物でもあり、一部沿海省市の地政学的利点を梃子に周辺諸国との協力強化を図る中国の対外開放拡大戦略の産物でもあるのである。

第6章　陸域開発から海域開発へ

(3) 山東半島藍色経済区発展規画の内容
①対象地域

　山東半島藍色経済区発展規画には山東省の全海域と青島、東営、煙台、濰坊、威海、日照の6市、濱州市の無棣と沾化の2県が含まれ、海域面積は15.95万km²、陸域面積は6.4万km²に及ぶ。2009年時点の同区の総人口は3,291.8万人、1人あたり域内総生産は5万138元である（チャイナネット）。

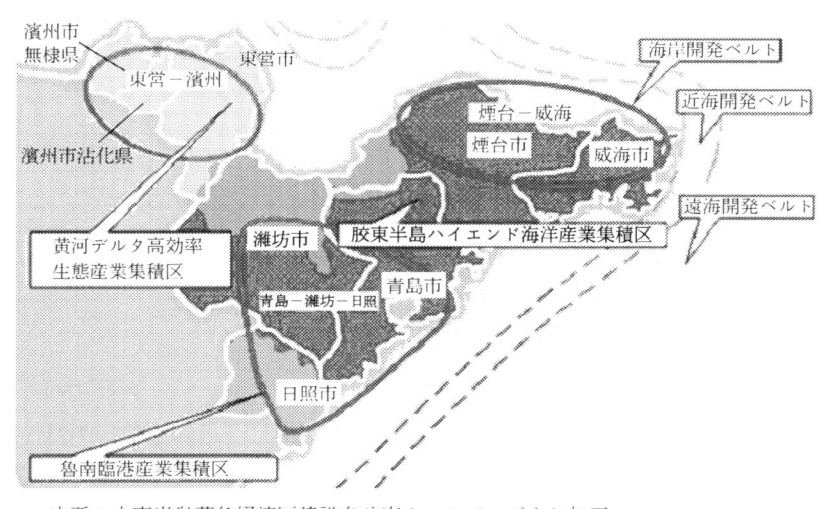

図表6－7　山東半島藍色経済区対象地域及び空間配置図

出所：山東半島藍色経済区建設弁公室ホームページより加工

　山東半島藍色経済区の骨格は「1核、2極、3帯、3組団」からなっている。「1核」は青島を中心とし、煙台、濰坊、威海などを含めた「膠東半島ハイエンド海洋産業集積区」、「2極」は「黄河デルタ高効率生態産業集積区」と「魯南臨港産業集積区」、「3帯」は海洋資源の開発利用を高めるため、海岸から近い順に設けられた海岸開発、近海開発、遠海開発という3つのベルト、「3組団」は隣接する都市が繋がってグループ化した「東営－濱州」、「煙台－威海」、「濰坊－青島－

127

日照」の3つの地域連合を指している（図表6－7）。

②発展目標

　山東半島藍色経済区発展規画は2015年と2020年をめどに、それぞれ具体的数値目標を設けている。2015年までの目標として、現代海洋産業体系を形成させるとともに、海洋生産額年平均増長率15％以上、1人あたりGDP8万元以上、住民平均収入年平均増長率10％前後、都市化率65％前後を達成するとしている。2020年までの目標として、海洋経済が発達し、人と自然の調和のとれたブルー経済区を形成させるとともに、海洋生産額年平均増長率12％以上、1人あたりGDP13万元前後、都市化率70％前後を達成するとしている。

③内容措置

　規画は山東半島海洋経済区域の配置について、前述した「1核、2極、3帯、3組団」という枠組みを打ち上げ、陸海を統一的計画し、海洋経済区域配置の最適化を実現させ、陸海の発展の相互促進を推し進めるとしている。

　海洋産業の構造については、規画は力を入れようとする海洋産業を図表6－8に示されているように列挙し、特に海洋新興産業の育成や海洋第三次産業の発展促進、バランスのとれた産業体系の構築などを重視するとしている。

　関連戦略として、規画は科学技術振興、インフラ整備、生態文明建設の3つを取り上げている。科学技術振興については、新しい科学技術開発の加速、大学レベルの海洋教育レベルの向上、ハイレベルの海洋人材の育成・誘致、日本と韓国をはじめとする海洋先進国との海洋技術交流の促進などに力を入れるとしている。インフラ整備については、特に港湾や鉄道、高速道路、空港など交通インフラの整備についてそれぞれ若干の具体的プロジェクトの実施を表明し、陸海の繋いだ交通網の構築に力を入れるとしている。生態文明建設については、特

第6章　陸域開発から海域開発へ

に海洋生態の保全、海洋汚染の防止、循環型経済の発展が強調されている。

図表6−8　「山東半島藍色経済区発展規画」の主な内容

区域空間配置の枠組	海産産業体系の構築	関連戦略の推進	政策措置の充実
1核 ・膠東半島ハイエンド海洋産業集積区 2極 ・黄河デルタ高効率生態産業集積区 ・魯南臨港産業集積区 3帯 ・海岸開発帯 ・近海開発帯 ・遠海開発帯 3組団 ・[東営−濱州]組団 ・[煙台−威海]組団 ・[濰坊−青島−日照]組団	海洋第一次産業 ・現代水産養殖業 ・漁業増殖業 ・現代遠洋漁業 ・沿海特色農業 海洋第二次産業 ・海洋生物産業 ・海洋設備製造業 ・海洋エネルギー産業 ・海洋工程建築業 ・現代海洋化学工業 ・海洋水産品加工業 海洋第三次産業 ・海洋運輸物流業 ・海洋文化観光業 ・海洋金融業 ・海洋サービス業	科学技術振興 ・海洋科学技術の開発 ・海洋教育レベルの向上 ・ハイレベル海洋人材の育成 インフラ整備 ・交通インフラ整備 ・水利施設建設 ・エネルギー施設建設 ・情報インフラ整備 生態文明建設 ・資源利用の節約 ・海洋生態の保護 ・環境汚染の防止と解決 ・循環型経済の発展 ・海洋防災減災体制の健全化	体制改革の深化 ・行政体制改革の深化 ・経済体制改革の深化 ・都市農村発展の一体化 対外開放の深化 ・加工貿易の促進 ・海洋産業への外資誘致 ・海洋経済交流協力の推進 ・中日韓地域経済協力試験区の構築 国内地域協力の強化 ・京津冀、長江デルタとの連携の強化 ・黄河流域への牽引力の強化 諸具体的政策措置の強化 ・財政税収政策 ・投資融資政策 ・海域、海島と土地政策 ・対外開放政策

出所：「山東半島藍色経済区発展規画」より筆者作成

　政策措置については、規画では体制改革の深化、対外開放の深化、国内地域協力の促進などマクロ的な政策から財政税収政策、投融資政策、海域及び土地政策、対外開放政策など具体的政策措置に至るまでさまざまに盛り込まれており、その監督と評価については国家発展改革委員会、国家海洋局と山東省政府の3者が合同して行うとされている。財政税収政策の1つとして、藍色経済区建設専用資金として、2011年に山東省財政が10億元、区内7つの市が10億元をそれぞれ拠出し、以降毎年さらにそれぞれ増やしていくとされている。対外開放

政策項目では、国際交通と物流、電子通関の整備の加速、海洋産業、海洋技術、省エネ、環境保護分野における日韓との交流協力の強化などが盛り込まれている。

(3) 山東半島藍色経済区発展規画の実態と課題

　山東半島藍色経済区発展規画実施して以来、ハードとソフトの両方の整備が進んでおり、すでに一定の成果を遂げている。それは主に以下の点に表れている（図表6－9参照）。

　第1に、地域内の連携と協力が活発的に進んでいる。2011年6月、山東省政府が「山東半島藍色経済区と黄河デルタ高効率生態経済区建設重点工作協調推進制度について」を公布し、区内各地の連携協力と一体的発展を呼びかけている。それを受けて、区内各地による工作会議が数回開催され、相互の連携協力の強化で一致した。山東省政府の統括・執行機関として山東半島藍色経済区建設弁公室が設置され、積極的に区内各地の進捗について指導・調整を行っている。「青島－濰坊－日照一体化発展」をはじめとする隣接都市間の自発的連携協力の気運が高まってきている。

　第2に、投資融資システムの整備が進んでいる。2012年2月、中国初の海洋開発のための産業投資基金となる山東半島藍色経済区産業基金管理公司が省都済南でオープンし、市場化運営を通じて藍色経済区建設に各種資金の誘致・調達を目指すという。山東省政府による公的資金の注入も活発的に実施されており、2011年、省財政は藍色経済区建設専用資金として170のプロジェクトに10億元を投下した（任建蘭・徐成龍2013）。2012年3月、山東半島藍色経済区知的財産権取引センターが設けられ、市場化運営を通じて区内知的財産権の流動及び資源の効率的配置を目指すものである。

　第3に、藍色経済区は比較的速い成長を遂げている。統計によると、2011年、山東半島藍色経済区のGDPは21,395.1億元に達し、前年比11.7％も増加し、省平均増加率より0.8％高くなっている。同財政収

第6章　陸域開発から海域開発へ

入は前年比25％増の1,480.0億元に達し、省財政収入全体の43％を占めている。2011年1〜7月、山東半島藍色経済区の外資導入額は58.9億ドルに達し、省外資導入総額の63.8％を占めている。同年山東省都市化率が50％であるのに対して、藍色経済区のそれは60％に達している（「山東年鑑」2012年版、任建蘭・徐成龍2013）。

図表6－9　山東半島藍色経済区をめぐっての動向

年月日	出来事
2009.04.21	胡錦濤国家主席山東省視察、「海洋経済を発展させ、海洋資源を開発し、海洋関連産業を育成し、山東半島藍色経済区を建設する」と指示
2009.06.30	中国共産党山東省委員会・山東省政府、「山東半島藍色経済区の建設に関する指導意見」公布
2009.08.14	山東半島藍色経済区建設工作会議が山東省都済南で行われる
2009.08.17	山東半島藍色経済区規画策定工作会議が行われる。山東半島藍色経済区建設弁公室が成立
2010.04.02	山東省政府第69回常務会議、「山東半島藍色経済区発展規画要綱」採択
2010.04.19	山東省政府、国家発展改革委員会へ「山東半島藍色経済区発展規画要綱」提出
2010.08.27	山東省政府、国家発展改革委員会へ「山東半島藍色経済区発展規画」と「山東半島藍色経済区改革発展試験総体方案」提出
2011.01.04	国務院、「山東半島藍色経済区発展規画」承認（国函[2011]1号）
2011.01.14	山東半島藍色経済区建設決起大会が済南で行われる
2011.05.31	中国共産党山東省委員会・山東省政府、「山東半島藍色経済区発展規画の実施に関する意見」公布
2011.06.21	山東省政府、「山東半島藍色経済区と黄河デルタ高効率生態経済区建設重点工作協調推進制度について」公布
2011.09.23	山東半島藍色経済区海洋食品博覧会が煙台で開催される。山東半島藍色経済区建設投資環境説明会が行われる
2011.11.11	第1回中国海洋経済投資相談会が浙江寧波で開催される
2011.08.25	山東省発展改革委員会、「2011年第1回8億元「両区」[6] 建設専用資金投資計画の伝達についての通知」公布
2011.11.17	山東省発展改革委員会、「2011年第2回8億元「両区」建設専用資金投資計画の伝達についての通知」公布
2012.02.08	山東半島藍色経済区産業基金管理公司オープン式典が済南で行われる
2012.09.15	第2回中国海洋経済投資相談会が浙江寧波で行われる
2012.10.26	「両区」経済貿易相談会及び中小企業融資推進会が濰坊で行われる
2012.12.13	中国海洋経済博覧会が広州で開催される
2013.06.06	山東半島藍色経済区海洋産業人材導入・育成推進会が済南で行われる

出所：山東半島藍色経済区建設弁公室ホームページより作成

一方、山東半島藍色経済区は成立して以来まだ日が浅いこともあって、多くの課題に直面していることも明らかである。特に以下の点の取組・解決が急務であると考えられる。

第1は、資金調達に関する問題である。山東半島藍色経済区は国家戦略として位置づけられているが、国からは資金についての支援と優遇措置が特に行われていない。インフラ整備などに膨大な資金が必要とされ、計算によると、2011－15年の間、藍色経済区建設に必要な資金は11,873億元にも及ぶという（任建蘭・徐成龍2013）。省政府による専用資金の投入及び産業基金の始動を前述したが、地方政府による公的資金の投入には限界があり、経済区産業基金管理公司が設立されて市場による資金の調達を目指すとしているが、その調達の方法や規模、到達状況などが明確にされていない。いかに資金を確保するか。そのための政策と工夫が求められる。

　第2は、科学技術成果の実用化の問題である。前述したように、山東省における海洋科学技術が比較的発展しており、海洋人材の規模も他の地域と比べて特別大きいが、海洋科学技術成果の実用化が低いレベルにとどまっている。例えば青島における科学技術成果の実用化率は5分の1しかなく、科学技術成果応用体制の不備などの原因で多くの成果が実用化されていないと報告されている（任建蘭・徐成龍2013）。今後その対応策が期待されている。

　第3は、対外開放と交流協力にかかわる問題である。山東半島藍色経済区は中日韓及び北東アジア地域協力のテストエリアとして位置づけられているものの、これまで一部計画中のプロジェクトを除いて、大した動きがまだ見られていない。日本との間には日中関係悪化の影響があるかもしれないが、図表6－9からわかるように、韓国をはじめとする他の外国との間にも交流協力の成果は非常に乏しい。対外開放と交流協力の推進が今後の課題の1つである。

5．おわりに

　日本を含む関係諸国においては中国の海洋発展戦略への注目は高まっているが、それは主に中国の海洋安全管理戦略特に軍事力による海洋進出に対する関心である。そもそも中国における海洋発展戦略は海

洋安全管理戦略、海洋経済発展戦略、海洋科学技術戦略からなるものであり、海洋経済発展戦略はその中心的な部分であり、ほかの2つはそれを支える・補完するためのものにすぎない。

　山東半島藍色経済区発展規画から示されているように、中国における海洋経済発展戦略はその展開過程において、単に経済発展の空間を陸域から海域へ拡げるといった点にとどまらず、同時に海洋という特色を生かして当該地域の振興を図るための地域発展戦略の側面及び、その地政学的利点を梃子に周辺諸国との協力強化を図る対外開放戦略の側面もあり、いわば、海洋経済発展戦略と地域協調発展戦略、対外開放拡大戦略の三位一体的戦略である。

　こうして、この海洋経済発展戦略については、中国における改革開放の進化、言い換えれば改革開放の第2の波として見ることができよう。つまり、第1の波は、1978年以降の経済特区、沿海開放都市を中心とした改革開放であり、それには沿海部重視、陸域資源の利用と陸域における発展、外国から国内への資本や技術の導入などの特徴がある。今の海洋経済発展戦略は対象地域が同じく沿海部にしているが、海洋資源の開発利用と発展空間の陸域から海域への拡大、周辺諸国との連携・協力の推進といった点がこれまでと異なっている。

　海洋への注目と海洋発展戦略の推進はもはや世界的な潮流となっている。例えば日本においても2007年に海洋基本法が成立し、2008年に海洋基本計画が策定され（工藤2010）、海洋発展に関する取組みが積極的に進められている。

　中国における地域発展戦略は2000年代後半から大きな転換が見られた。それは、従来の中央政府の主導で行われた地域間格差の是正を目的とした国家レベルの戦略に取って代わって、地方政府が地元の特色を生かして自ら経済発展プランを策定し、中央政府の承認と支援の下で推進するモデルが多くなってきたのである（穆堯芋2012）。

　また、国境を越えた地域連携・協力の重要性については、環日本海経済圏やバーツ経済圏の動きに示されているように、流通・物流・交

通基盤のボーダレスな整備を背景に、広域における貿易・投資・労働力の移動が活発化しつつあり、東アジアでは地域が国家に代わって経済発展の主力を担ってきており、近年のアジア諸国における急速な経済発展について、それは国家主導の経済発展というよりも「地域経済圏」の発展に依拠した発展であると指摘されている[7]（蛯名2013）。

　したがって、海洋資源の開発利用による発展及び、地方特色の活用と地方主導による地域発展、周辺諸国との連携・協力の推進を目指す中国の海洋経済発展戦略は、時宜を得た妥当な戦略であり、その可能性や効果は大いに期待されている。

　一方、その実際の展開において、従来の地域発展戦略との差別化、計画実行のための資金の調達・確保、海洋科学技術成果の実用化、海洋産業構造の調整とグレードアップ、海洋関連人材の育成、海洋環境の保護、国際的視野と対外連携協力の強化など、さまざまな課題が存在し、その解決が求められている。

注——
1) ここでの「12・5」は第12次5カ年計画期間のことである。以下同。
2) この複雑な管理体制についてよく「五龍治海」と喩えられている。
3) 中国語文書の日本語訳は「月刊中国情勢」第125号の訳文より引用するものである。
4) 大陸海岸線として山東省は全国大陸海岸線の6分の1を占め、広東省に次いで全国第2位である。
5) 例えば、「山東半島藍色経済区発展規画」によると、2009年、山東省の海洋産業生産額は中国海洋産業生産額全体の18.9%を占め、海洋科学技術人材の人数は全国の半分以上を占めているという。
6) 「両区」とは山東半島藍色経済区と黄河デルタ高効率生態経済区のことを指す（図表6－7参照）。なお、黄河デルタ高効率生態経済区は2009年12月国務院から承認された「黄河デルタ高効率生態経済区発展規画」によりスタートした地域開発区域であり、黄河デルタに位置する山東省の東営、濱州両市及び濰坊、徳州、淄博、煙台4市の各一部からなり、面積は約2.7万km²で、山東省総面積の6分の1を占める。2009年時点の人口は約985万人である。

第6章　陸域開発から海域開発へ

7）「地域経済圏」以外に、「地方経済圏」、「広域経済圏」、「局地経済圏」など異なった言い方がある。

参考文献

石田収（2008）「中国の対外発展戦略について」『筑波学院大学紀要』第3集
石田収（2012）「青い領土を求めて―非軍事的側面からみた中国の海洋発展戦略」『筑波学院大学紀要』第7集
江原規由（2007）「海へ、空へ、新たに広がる発展空間」『人民中国』2007年12月3日
蛯名保彦（2013）『日本経済の潜在成長力と「東アジア経済圏」の形成』明石書店
工藤君明（2010）「中国の海洋科学技術力と日本の海洋政策」海洋政策研究財団ニューズレター第248号
黄良民（2007）『中国海洋資源与可持続発展』科学出版社
国家海洋局海洋発展戦略研究所課題組『中国海洋発展報告』海洋出版社
国家統計局『中国海洋統計年鑑』
姜旭朝・張継華編（2012）『中国海洋経済史大事記』経済科学出版社
段烽軍（2012）「中国の海洋開発戦略―経済社会の持続可能性を求めて」『外交』vol.13
段烽軍（2013）「中国の海洋への取り組みについて―第12次5カ年計画以来の政策動向」海洋政策研究財団ニューズレター第313号
任建蘭・徐成龍（2013）「山東半島藍色経済区発展与展望」梁昊光編『中国区域経済発展報告（2012～2013）』社会科学文献出版社
穆尭芊（2012）「中国における地域発展戦略の実態と課題―「中国図們江地域協力開発規画要綱」の事例」『ERINA REPORT』No.103
李珠江・朱堅真（2007）『21世紀中国海洋経済発展戦略』経済科学出版社

山東省政府ホームページhttp://www.sd.gov.cn
山東半島藍色経済区建設弁公室ホームページhttp://www.sdlb.gov.cn
人民網http://www.people.com.cn
チャイナネットhttp://japanese.china.org.cn
中国海洋信息網http://www.nmdis.gov.cn
中国政府網http://www.gov.cn

第7章　さらなる改革開放を求めて
　　　　――自由貿易試験区の展開

1．はじめに

　2013年9月27日、国務院（内閣）は「中国（上海）自由貿易試験区全体方案」を公表し、上海市の外高橋保税区をはじめとする税関特殊監督管理区4ヵ所に、中国初の自由貿易試験区を建設することを正式に表明した。次いで同月29日、中国（上海）自由貿易試験区のオープン式典が行われ、国内外の注目を集め、さまざまに憶測されてきた同試験区は、正式に設立することになった。

　中国（上海）自由貿易試験区設立の背景には何があるのか、また日本にとってのビジネスチャンスを含めて、その設立はどのような意義を持つだろうか。新聞などのメディアでは、活発な報道・議論が繰り広げられているが、スタートしたばかりの同試験区について、学術的な研究はまだ見られていない。

　本章はいちはやく中国（上海）自由貿易試験区を取り上げる研究として、その設立の経緯や政策内容を含めた概要及び関連する報道・評論を解説する上で、同試験区設立の背景と意義について若干の分析考察を行うことにする。

2．中国（上海）自由貿易試験区とは
(1) 上海市の概況

　上海は中国東海岸の中心部及び長江河口の南側に位置し、北部から東部は江蘇省、西南部は浙江省と接しており（図表7－1参照）、面積6,341km²、人口2,380万人となっている（2012年末）。行政区画は頻繁に調整され、現在浦東新区、黄浦区など17の区と崇明県からなっている。2010年上海万博のメイン会場として知られている上海市の東部にある

浦東新区は、1992年に設立されて2009年に南匯区と合併して現在の規模となっている。区内には浦東国際空港と複数の開発区、産業パックがあり、日系企業を含めて多くの外国企業が進出している。上海ディズニーランド（2015年にオープン予定）や、国際金融センター、国際海運センターなど大型施設がいくつか建設中であり、今後の発展も大いに注目されている。

　中国の直轄市の1つである上海は、中国最大の商工業都市であり、GDPは北京（2012年17,801.0億元）を超えて全国最高となっている（図表7-2）。また中国最大の港湾でもあり、コンテナ取扱量はシンガポール、香港を抜いて世界1位である。日本人滞在者が多く、特に3ヵ月以上の長期滞在者はロサンゼルス、ニューヨークを抜いて世界最多となっている。

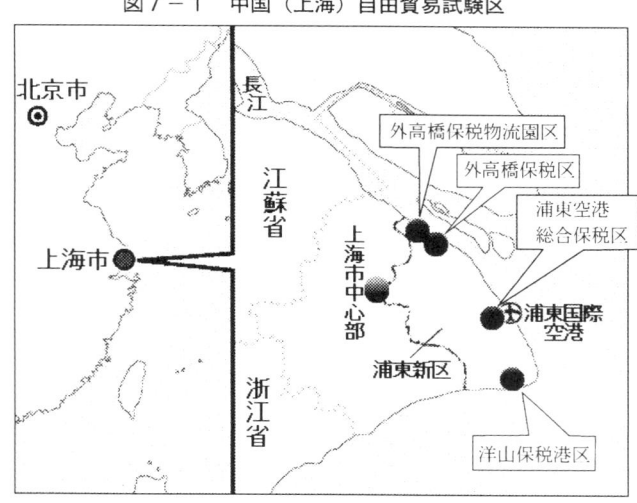

図7-1　中国（上海）自由貿易試験区

出所：筆者作成

(2) 中国（上海）自由貿易試験区の対象地域

　上海自由貿易試験区は新規に設立される地域ではなく、既存の上海総合保税区から転換されたものである。それは具体的に上海浦東新区

にある外高橋保税区、外高橋保税物流園区、洋山保税港区、浦東空港総合保税区の4つの保税区からなり、合計面積は28.78km²である（図表7-1）。ただし、「中国（上海）自由貿易試験区全体方案」では、「先行試行の実施状況及び産業の発展と波及の必要に応じて、実施範囲と政策試行範囲を徐々に拡大する」としているので、自由貿易区の対象地域は現在以上のとおりであるが、今後さらに拡大される可能性があると思われる。

図表7-2　上海市の経済状況（2012年）

項目	状況
GDP	20,101.3億元(対前年増加率：7.5%、GDP構成比：第1次産業0.6%、第2次産業39.4%、第3次産業60.0%)
1人あたりGDP	85,033.0元(13,470.6米ドル)
外資導入(2010年末累積)	外資導入件数59,498件(うち日本8,155件)、外資導入額1,064.24億米ドル(うち日本179億米ドル)、外資企業数55,666社
上海経済における外資の比重(2010年)	工業生産62.9%(全国平均30.0%)、輸出69.7%(全国平均55.0%)、労働力30.3%(外資企業雇用者数302万人)
日本人滞在者数(2011年10月1日現在)	56,481人(うち3ヵ月以上の長期滞在者56,313人、永住者168人)
邦銀の支店・現地法人(2012年7月現在)	三井住友信託、みずほコーポレート、三井住友、三菱東京UFJ、横浜
港湾貨物取扱量(2010年)	1万トン級以上バース数150(中国合計1,293)、貨物取扱量56,320万トン(同548,358万トン)、輸出入量30,225万トン(同226,938万トン)

出所：各種資料より筆者作成

　外高橋保税区は1990年に設立された中国最初の保税区である。国際貿易モデル区として輸出入貿易、中継貿易、保税展示、倉庫保管・配送などの機能を持っている。その物流機能を補完するものとして、2003年に外高橋保税物流園区が設立された。

　洋山保税港区は2005年に設立された中国最初の保税港区である。国際海運発展総合モデル区として、国際中継輸送、物流、商品展示、保税倉庫、保税先物取引など保税区と物流区両方の機能を持っている。

　2009年11月、これらの保税区が統合して上海総合保税区が成立し、

2010年9月に浦東空港総合保税区が設立され、上海総合保税区は4つの区域を含むようになった。浦東空港総合保税区は航空サービスモデル区として、航空物流、貿易・金融サービスなどの機能を持っている。

こうして自由貿易試験区の実施範囲とされる上海総合保税区は1990年代から徐々に範囲と機能の拡大が行われ、グローバルな貿易・物流の拠点として発展してきた。「上海総合保税区「12・5」発展計画」[3]によると、2010年末、上海総合保税区には外資企業8,064社、内資企業2,901社、合計10,965社が進出しており、主に貿易、物流、加工に従事しているという。

なぜ上海が初の自由貿易試験区として選定されたか。その理由について中国商務部の高虎城部長が記者会見において、①上海には比較的良い基盤があり、比較的高いレベルからの実験開始が可能で、リスクを負担する能力も比較的高いこと、②比較的成熟した管理監督制度と管理の経験を有していること、③比較的良い地理的優位性を有していること、との3点を挙げており（JETROホームページ）、上海のこれまでできているハードとソフトの両方における蓄積及び地理的優位性が評価されたようである。

(3) 中国（上海）自由貿易試験区設立の経緯及び関連法令

図表7－3は中国（上海）自由貿易試験区設立の経緯及び関連法令をまとめたものである。上海は2011年に明確に自由貿易区の設立に関する構想を打ち出し、以降さまざまに模索してきた。2013年3月、李克強総理が上海浦東新区を視察し、自由貿易試験区の設立を指示したことにより、動きが一気に加速してきた。7月に国務院常務会議において「中国（上海）自由貿易試験区全体方案」が承認され、次いで9月27日に国務院から全体方案が正式に公布され、29日に開設式が行われるようになった。第1弾として、国内外の36社の進出が発表された。[4]

自由貿易試験区の遂行のために、従来の関連法に関する調整と新しい関連法令の策定が必要になった。まず2013年8月に全国人民代表大

会常務委員会より、「国務院に授権して中国（上海）自由貿易試験区において関連法令の定める行政審査認可を一時調整する旨の全国人民代表大会常務委員会の決定」が発表され、外資投資の審査制度を規定している「外資企業法」、「中外合資経営企業法」、「中外合作経営企業法」の11項目の関連法規を10月1日以降3年間、上海自由貿易試験区向けに試験的に停止する権限が国務院に付与された。次いで9月に、「中国（上海）自由貿易試験区全体方案」をはじめとする一連の関連法令が策定・公布された。

　試験区の方針政策を規定する「中国（上海）自由貿易試験区全体方案」と試験区の管理方式を規定する「中国（上海）自由貿易試験区管理弁法」は試験区の全般にかかわる基本となる法令である。全体方案では、行政、投資、貿易、金融、法制等の改革の方針と方向性が示され、目玉策として特に以下の点が注目されている。①行政面では、政府の管理方式の刷新、事前の審査認可から事後のモニタリングへの転換、情報ネットワークの整備、異なる部門の協同管理体制の実現など、②投資面では、金融、旅行、医療等を含む18業種のサービス業の開放拡大、ネガティブリスト方式の導入、事前審査許可制度の廃止と届出制度の導入など、③貿易面では、貨物の搬入及び検査検疫手続きの簡素化、多国籍企業の試験区への地域本部の設立の奨励など、④金融面では、リスクコントロールが可能な範囲での人民元の自由化、金利の市場化、人民元クロスボーダー取引の試験的実施、外資銀行と中外合資銀行の設立の認可など、⑤法制面では、外資企業に係る法律（「外資企業法」、「中外合資経営企業法」、「中外合作経営企業法」）に基づく審査・批准手続きの2013年10月1日から3年間の停止などが盛り込まれた（JETROホームページ）。

図表 7 − 3 　中国（上海）自由貿易試験区設立の経緯及び関連法令

年　月	動き及び関連法令
2003年	全国人民代表大会常務委員会副委員長成思危氏、保税区から自由貿易区への転換を提案
2005年以降	上海、深圳、天津、成渝（成都・重慶）がそれぞれ国務院に自由貿易区設立の意向を表明
2008年以降	国家発展改革委員会・国務院発展研究センターが上海、深圳、天津で実地調査を実施
2011年3月	上海市浦東新区政府、「総合保税区を国際競争力のある自由貿易区に昇格させる道筋と可能性を模索する」との構想を打ち出す
2012年11月	「上海市国際貿易センター建設促進条例」、「国際的慣例に符合する自由貿易区の設立を模索する」と明記
2013年1月	「上海市政府工作報告」、2013年に浦東新区における自由貿易試験区の設立を目指すとのことを盛り込む
2013年3月	李克強総理が上海浦東新区を視察、現有保税区を基礎に、上海で自由貿易試験区を設立することを支持すると指示
2013年4月	「中国（上海）自由貿易試験区全体方案（草案）」策定グループが設置
2013年6月	「中国（上海）自由貿易試験区全体方案（草案）」は国務院へ提出
2013年7月	国務院、「中国（上海）自由貿易試験区全体方案」を承認
2013年8月	全国人民代表大会常務委員会、①「国務院に授権して中国（上海）自由貿易試験区において関連法令の定める行政審査認可を一時調整する旨の全国人民代表大会常務委員会の決定」を発表
2013年9月	27日、国務院、②「中国（上海）自由貿易試験区全体方案」を正式に公布 29日、上海市政府、以下の関連法令を正式に公布（実施日：④は9月29日、その他は10月1日） ③「中国（上海）自由貿易試験区管理弁法」 ④「中国（上海）自由貿易試験区外商投資参入特別管理措置（ネガティブリスト）（2013年）」 ⑤「中国（上海）自由貿易試験区外商投資プロジェクト届出管理弁法」 ⑥「中国（上海）自由貿易試験区外商投資企業届出管理弁法」 ⑦「中国（上海）自由貿易試験区国外投資プロジェクト届出管理弁法」 ⑧「中国（上海）自由貿易試験区国外投資設立企業届出管理弁法」 29日、中国（上海）自由貿易試験区開設式が行われる。第1弾として国内外の36社の進出が発表

出所：各種資料より筆者作成

　試験区における投資に関する管理方式として、「中国（上海）自由貿易試験区外商投資参入特別管理措置（ネガティブリスト）（2013年）」に示されているネガティブリスト方式が導入され、ネガティブリストに記載された禁止事項に該当しなければ自由に投資活動を行うことできるようになる。ネガティブリスト方式は国際的に通用する外商投資管理方法であり、ネガティブリスト以外の投資分野は十分に開放され、外

第 7 章　さらなる改革開放を求めて

商投資プロジェクト及び外商投資企業は参入に際して内国民待遇を享受するのである。

　「中国（上海）自由貿易試験区外商投資プロジェクト届出管理弁法」と「中国（上海）自由貿易試験区外商投資企業届出管理弁法」は試験区内における外資企業による投資プロジェクト届出と会社設立手続きなどに関する法令であり、「中国（上海）自由貿易試験区国外投資プロジェクト届出管理弁法」と「中国（上海）自由貿易試験区国外投資設立企業届出管理弁法」は試験区内の企業による中国国外投資プロジェクト届出と会社設立手続きなどに関する法令である。「中国（上海）自由貿易試験区外商投資プロジェクト届出管理弁法」の適用範囲は、自由貿易試験区外商投資参入特別管理措置（ネガティブリスト）以外の中外合弁、中外合作、外商独資、外商投資パートナーシップ、外国投資者による国内企業の買収合併、外商投資企業増資等の各種外商投資プロジェクトとされている。「中国（上海）自由貿易試験区外商投資企業届出管理弁法」の適用範囲は、ネガティブリスト以外の外商投資企業の設立と変更である。「中国（上海）自由貿易試験区国外投資プロジェクト届出管理弁法」は試験区内に登録した企業が実施する上海市の権限内の国外投資一般項目に適用するものであり、国外投資プロジェクトとは、中国国内の各種投資主体、及びその国外の持分マジョリティ企業または機構を通じて、国外で行う投資プロジェクトを指すとされている。「中国（上海）自由貿易試験区国外投資設立企業届出管理弁法」は試験区内に登録した企業による国外投資行為に適用するものであり、国外投資とは、企業が新設、買収合併等の方法で、国外に非金融企業を設立するまたは既存の非金融企業の所有権、支配権、経営管理権等の権益を取得する行為のことを指すとされている。

　自由貿易試験区の特色として、投資の利便性を図るため、外資企業の自由投資を禁止する特殊分野（ネガティブリストに含まれるもの）以外の分野では、従来の事前審査許可制が廃止され、企業による届出制が実施されるようになっており、また試験区内の企業の中国国外投資に

ついても、管理方式が同じく従来の審査許可制から届出制に変更された[6]。

　試験区の管理機構として、中国（上海）自由貿易試験区管理委員会が設置されている。管理委員会は上海市政府の出先機関として自由貿易試験区の改革任務を具体的に実施し、自由貿易試験区関連行政事務の統括的管理及び調整を行うとされている。前述した外商投資プロジェクト届出及び外商投資企業届出、国外投資プロジェクト届出、国外投資設立企業届出の届出機関はすべて中国（上海）自由貿易試験区管理委員会となっている。

(4)「中国（上海）自由貿易試験区全体方案」の概要

　ここでは「中国（上海）自由貿易試験区全体方案」に基づいて試験区の概要についてまとめておこう（図表7－4）。

　試験区の目的と意義に関して、全体方案は、「試験区は、中国が新時期に政府職能転換を加速し、管理方式の革新を積極的に模索し、貿易と投資の利便化を促進し、改革の全面的な深化と開放拡大のための新たな手段を模索し、新たな経験を積んでいく上で重要な使命を担っており、国家戦略にとって必要なものである」と述べている。

　試験区の目標について、全体方案は以下のように挙げている。2、3年の改革試験を経て、政府職能転換を加速し、サービス業の開放拡大と外商投資管理体制の改革を積極的に推進し、本部経済と新型貿易業態を大いに発展させ、資本項目の交換自由化と金融サービス業の全面的な開放の模索を急ぎ、貨物状態の分類監督管理方式を模索・確立し、投資と革新を促進する政策支援体制を形成すべく努力し、国際化・法治化されたビジネス環境の育成に力を入れ、国際水準並みの投資貿易の利便性、通貨為替の自由化、効率的な監督管理、規範化された法制環境を有する自由貿易試験区を建設すべく努力し、中国の開放拡大と改革推進のための新しい構想と新しい手段を模索する、という。

　特に指摘したいのは、名称は自由貿易試験区となっているが、貿易

第 7 章　さらなる改革開放を求めて

の円滑化を図るものだけでなく、それに関連する金融面の開放と革新、投資面における開放拡大、行政管理体制と法制に関する改革及び制度整備など幅広い内容が含まれることである。そのため、中国では、試験区の特徴を「3つの自由、1つの保障」、すなわち「貨物の出入りの自由、投資の自由、金融の自由があり、さらに法律・法規による保障もある」という言葉で概括することができると言われている（人民網2013年10月15日）。

図表7－4　「中国（上海）自由貿易試験区全体方案」の概要

項目	内容	
目的と意義	①政府職能転換を加速する ②管理方式の革新を模索する ③貿易と投資の利便性を促進する ④改革の全面的な深化と開放拡大のための新たな手段を模索し、新たな経験を積む	
全体目標	①サービス業の開放拡大と外商投資管理体制の改革を積極的に推進する ②本部経済と新型貿易業態を大いに発展させる ③資本項目の交換自由化と金融サービス業の全面的な開放の模索を急ぐ ④貨物状態の分類監督管理方式を模索・確立する ⑤投資と革新を促進する政策支援体制を形成する ⑥国際化・法治化されたビジネス環境を育成する ⑦投資貿易の利便性、通貨為替の自由化、効率的な監督管理、規範化された法制環境を有する自由貿易試験区を建設する	
実施範囲	①高橋保税区、②外高橋保税物流園区、③洋山保税港区、④浦東空港総合保税区	
試験期間	2～3年	
主要任務	政府職能転換の加速	行政管理体制改革の推進
	投資領域の開放拡大	サービス業の開放拡大 ネガティブリスト管理方式の探索・確立 対外投資サービス促進体制の確立
	貿易方式転換の加速	貿易のモデルチェンジ・グレードアップの推進 国際運輸サービスのグレードアップ
	金融分野の開放・革新の推進	金融制度刷新の加速 金融サービス機能の強化
	法制分野の制度保障の整備	法制保障の整備
関連措置	監督管理サービス方式の革新	出入国手続きの簡素化 安全かつ高効率的管理の徹底 監督管理上の協力の強化
	関連税収政策の模索	投資促進の税収政策の実施 貿易促進の税収政策の実施

出所：「中国（上海）自由貿易試験区全体方案」より筆者作成

(5) 中国（上海）自由貿易試験区に関する報道と評論

　前述したように、中国（上海）自由貿易試験区について学術的な研究はまだほとんどないが、中国はもとより、日本においてもメディアやシンクタンクから数多くの報道と評論がなされている。例えば、三菱東京UFJ銀行「BTMU（China）経済週報」2013年7月15日第45期は「国務院により中国（上海）自由貿易試験区総体方案が可決」との臨時号を掲載し、その背景、経緯、要点を紹介している。同「BTMU中国月報」第90号（2013年7月）も「上海自由貿易試験区の動向」との特集を発行し、上海総合保税区の現状、上海自由貿易試験区の背景と目的、政策、進出企業への影響について紹介・分析を行っており、試験区の背景と目的について、「この時期に自由貿易園区の設立が持ち上がってきた背景としては、世界的に自由貿易協定（FTA）や経済連携協定（EPA）の動きが活発になってきたことが指摘できる。特に、日本が交渉参加を表明したTPP（環太平洋戦略的経済連携協定）が大いに関係しているように思われる」、（中略）「上海自由貿易試験区は世界の自由貿易園区と同じレベルにすることを目標とし、そのために同様の政策・措置を実施していくものと思われる」と指摘している。

　中国の「チャイナネット」は2013年9月29日に「上海自由貿易区が設立　全体案の5つのポイント」との論評を発表し、「中国経済の発展が高品質化、効率化の第2段階に入ったとすれば、上海自由貿易区がその試験区となる。ここでの投資貿易の便宜性、通貨交換の自由、監督管理の高効率化・便宜化、法的環境の規範化といった方向性がこの国の新たな開放度、改革の新たな見本として示される」と評価する。次いで「人民網」は9月30日に「上海自由貿易試験区は新たな改革開放のテストケース」との論評を発表し、「同試験区は貿易の自由化、投資の自由化、金融の国際化、行政の簡素化という4つの使命を担う。（中略）全面的で先進的、かつ主体的に世界と歩調を合わせる動きだといえる。全面的というのは、貿易にとどまらず、投資、金融、政府の管理など多方面で世界と歩調を合わせることを指し、先進的というの

は、小さな範囲で先行モデルを試み、これを全国に推す広めることを指す」と説明している。

「産経新聞」は2013年9月30日に「上海の自由貿易区が発足「第2の改革開放」路線で成長継続狙う」との記事の中で、「1979年に広東省深圳市などで製造業を中心に外資企業を誘致した経済特区の手法にならい、「第2の改革開放」路線で成長の継続を狙う」と分析している。「日本経済新聞」は2013年10月6日に「中国の針路占う上海「試験区」」との社説を掲載し、試験区の設立は、「サービス産業を中心に規制を緩和し、経済発展の新たな原動力を探る狙いだ。質の高い成長への転換を迫られる中国経済の針路にかかわる取り組みで、どこまで大胆な改革に踏み切るか注目したい」、(中略)「習近平国家主席ひきいる指導部は11月に開く重要会議で、全国レベルで取り組む広い範囲の改革の見取り図を示す構えだ。上海試験区はその一端を担う」と述べている。

「読売新聞」は2013年10月7日に「上海自由貿易区　外資呼び込みモデルになるか」という社説の中で、試験区設立の背景について、「官主導の放漫な投資で牽引してきた中国経済が壁に直面している。外資呼び込みを狙った自由貿易試験区が立て直しの試金石になろう」、というのも、「労働者賃金の高騰などで、海外企業の対中投資が最近伸び悩んでおり、中国政府は、試験区をテコに、国外からの投資を再加速させる方針だ」と指摘している。「東京新聞」は2013年10月16日に「新・上海特区　特権も腐敗も追い出せ」との社説を掲載し、「サービス産業を中心に実験的に規制を緩和し、試験区での試みを起爆剤に国外からの投資を再び加速させようとの狙いがある」と分析した上で、「鄧小平氏が旗を振った「経済特区」で、中国は外資と輸出を中心にした外向型経済発展への転換を成功させた。(中略)「第二の特区」では、官でなく、今や力をつけてきた民の活力活用を貫いてほしい」と期待を示している。大和総研「アジアンインサイト」に掲載された「中国（上海）自由貿易実験区がスタート」（2013年10月17日）はその背

景について、①改革開放が近年足踏みの状態となり、それによる経済・社会の発展促進効果が低落していること、②国家資本主義による諸問題が顕著になり、経済・社会発展の阻害要因になっていること、③TPPの推進が外部要因として中国の投資貿易の規制緩和に刺激を与えていることの3つを挙げている。

　これらの報道と評論は、中国（上海）自由貿易試験区に関する紹介だけでなく、その背景や目的、意義などについてさまざまな視点から分析・指摘しており、大いに参考になる。しかし、中には一部必ずしも妥当でないと思われる分析と指摘もあり、それらを含めて、以下では中国（上海）自由貿易試験区設立の背景と意義について考察してみたい。

3．中国（上海）自由貿易試験区設立の背景と目的
(1) 貿易、投資及び成長率が伸び悩んでおり、その再加速が狙いとの指摘について

　前述したように、これまでの報道と評論、特に日本におけるそれはこの点について強調している。中国（上海）自由貿易試験区は「自由貿易区」として位置づけられる以上、当然このような背景と目的はあるにちがいない。実際にも図表7－3と図表7－4で示されているように、貿易、投資及び経済成長の促進のための規制緩和策と開放拡大策がさまざまに打ち出されている。しかし、貿易、投資及び経済成長の促進はその目的の一部分にすぎず、過大視してはいけないと思う。理由として以下の3点が挙げられる。

　第1に、貿易、投資及び成長率の鈍化が止まらず悩まれていると指摘されているが、図表7－5からわかるように、これは必ずしも当てはまらない。2008年のリーマンショックの影響で確かに2009年に貿易と投資、成長率のいずれも大きな落ち込みがあったが、2010年から回復し、全体的には伸びている傾向となっている。対外貿易総額は2009年の22,075.4億米ドルから2010年に29,740.0億米ドル、2011年に

第 7 章　さらなる改革開放を求めて

36,418.6億米ドル、2012年には38,667.6億米ドルへ上昇し、うち輸出は2009年の12,016.1億米ドルから2010年に15,777.5億米ドル、2011年に18,983.8億米ドル、2012年には20,489.4億米ドルへ上昇している。外資導入額（実行ベース）は2009年の918.0億米ドルから2010年に1,088.2億ドル、2011年に1,177.0億ドルへ上昇し、2012年には1,132.9億米ドルでやや落ちている。日本の対中貿易額（輸出入額）は2009年の232,181.6百万米ドルから2010年に301,855.4百万米ドル、2011年344,954.8百万米ドルへ上昇し、2012年には333,705.0百万米ドルで落ち込みがあったが、尖閣国有化事件といった政治問題の影響があったことも原因の１つとして考えられる。日本の対中直接投資額（新規実行額）は2009年410,497万米ドルから2010年に408,392万米ドル、2011年に632,963万米ドル、2012年には735,156万米ドルへと全体的には大きく伸びている。尖閣問題の影響で中国ビジネスを縮小、撤退または計画変更する日系企業が増えるとの懸念はあろうが、一方では影響なしまたは事業拡大、新規進出としている企業も多くあり、全体として特に大きな影響がなかったようである。[7] 中国のGDP成長率は2009年の9.2％から2010年に10.4％、2011年に9.3％、2012年に7.8％と近年において下がり気味であるが、それには中国政府による人為的な政策調整・抑制という事情も影響していると考える。

　第２に、近年における貿易、投資及び成長率の鈍化が指摘されているが、図表７－３で示しているように、中国における自由貿易区設立の構想は今回の上海自由貿易試験区が初めてではなく、以前からさまざまに構想や模索があって、現在になってようやく実現したのである。2003年にすでに全国人民代表大会（国会）に対して、保税区から自由貿易区への転換についての提案があった。2005年以降、上海を含む複数の都市が国務院に自由貿易区設立の意向を表明し、それを受けて2008年以降、国務院は上海、深圳、天津で自由貿易区設立に関する実地調査も実施したがある。2011年以降、上海は自由貿易区の設立を上海の発展にかかわる重要な課題としてその取組みを加速し、一歩一歩設

立にたどり着いたのである。

　第3に、「中国（上海）自由貿易試験区全体方案」は試験区設立の目的について、貿易と投資の利便化の促進以外に、政府機能転換の加速化や管理方式の革新、改革深化と開放拡大のための新手段の模索などを挙げており、また貿易と投資についても、その利便性の促進と量的拡大だけでなく、貿易のモデル転換・グレードアップ、投資管理制度の改革など質的改善に対する追求を強調している。したがって、貿易、投資及び成長率の量的拡大は中国（上海）自由貿易試験区の目的の1つに過ぎず、そのほか、貿易と投資の質の向上、金融分野の開放・革新、行政管理体制の改革、法制環境の整備なども主要な目的として意識されている。

図表7－5　中国近年の対外貿易額、外資導入額及びGDP成長率

年	対外貿易 （総額、億米ドル）	外資導入 （実行ベース、億米ドル）	GDP対前年成長率 （％）
2005	14,219.1	638.1	11.3
2006	17,604.4	670.8	12.7
2007	21,765.7	783.4	14.2
2008	25,632.6	952.5	9.6
2009	22,075.4	918.0	9.2
2010	29,740.0	1,088.2	10.4
2011	36,418.6	1,177.0	9.3
2012	38,667.6	1,132.9	7.8

出所：21世紀中国総研編（2013）より作成

(2) TPPの推進から刺激と圧力が感じられ、それに対抗しようとしていることについて

　一部の報道と評論は中国（上海）自由貿易試験区設立の「外部要因」としてTPPの推進を挙げており、「日本が交渉参加を表明したTPP（環太平洋戦略的経済連携協定）が大いに関係している」と指摘している。その根拠として挙げられているのは次の中国商務部スポークスマンの発言及び中国のメディアの報道である。

2013年「6月の米中首脳会談では、習近平総書記がオバマ大統領にTPPについて交渉の進展に合わせた情報提供を要請したと報道され、その直前には商務部スポークスマンが中国はTPP参加した場合の利害と可能性を分析していると発言している。こうした中で、上海自由貿易試験区に関連して、中国の複数メディアが、「中国がTPP交渉に参加する可能性がある中で、上層部は上海自由貿易試験区をTPP参加後の最初の対外開放窓口とすることを既に検討し始めている模様である」と伝えている」という。

　ただし、これらの発言と報道はTPPと上海自由貿易試験区因果関係について明確に断言していないし、中国政府の公式的見解を示すものでもない。したがって、上海自由貿易試験区の設立とTPPとの関係について現時点では分析できないと思っており、今後の課題として残しておく。

4. 中国（上海）自由貿易試験区設立の意義
(1) 対外開放の拡大と経済発展の促進

　中国（上海）自由貿易試験区設立の意義として、何よりもまず対外開放の拡大が挙げられている。「中国（上海）自由貿易試験区全体方案」の付録として、試験区内におけるサービス業開放拡大の措置が打ち出されている。それによると、金融サービス、運輸サービス、商業貿易サービス、専門サービス、文化サービス、社会サービスの6つの分野の18業種について規制緩和と開放拡大策が盛り込まれている（図表7－6）。これらの規制緩和と開放拡大策が企業に魅力的に見られており、2013年9月29日の試験区開設式と同時に国内外36社の進出が発表されたほか、試験区発足以後、進出に向けて当局に対して多数の相談・問合せがなされていると報道されている（JETROホームページ）。

図表7－6　中国（上海）自由貿易試験区の主な開放拡大策

分野	業種	開放拡大策
1．金融サービス	①銀行	外資金融機構による外資銀行の設立、民営資本と外資金融機構の共同による中外合弁銀行の設立を認める。中国の銀行によるオフショア業務の取扱を認める。
	②医療保険	外資による専門健康医療保険機構の設立の試行を許可する。
	③ファイナンスリース	ファイナンスリース会社が単一航空機、単一船舶の子会社を設立する際は最低資本の制限を設けない。ファイナンスリース会社が主要業務関連の商業ファクタリング業務の兼営を許可する。
2．運輸サービス	④遠洋貨物運輸	中外合弁の国際船舶運輸企業の外資持分比率制限を緩和する。
	⑤国際船舶管理	外商独資による国際船舶管理企業の設立を認める。
3．商業貿易サービス	⑥付加価値電信	外資企業による特定形式の一部付加価値電信業務の取扱を許可する。
	⑦ゲーム	外資企業によるゲーム機・アミューズメント設備の生産と販売を認める。
4．専門サービス	⑧弁護士	中国の弁護士事務所と外国の弁護士事務所の業務提携について模索する。
	⑨信用調査	外商投資資産信用調査会社の設立を許可する。
	⑩旅行社	中外合弁旅行会社の設立と台湾以外での海外旅行業務を許可する。
	⑪人材仲介	中外合弁人材仲介機構の設立を許可する。外資人材仲介機構の最低登録資本金を30万米ドルから12.5万米ドルに引き下げる。
	⑫投資管理	株式制の外資投資性会社の設立を許可する。
	⑬工事設計	外資工事設計企業に対して初回資格申請時の工事設計業績の要求を取り消す。
	⑭建築	外商独資建築企業が上海市の中外建設プロジェクトを引受ける場合、当プロジェクトの中外投資比率の制限を撤廃する。
5．文化サービス	⑮公演仲介	外資公演仲介機構の持分制限を取り消し、外商独資公演仲介機構を設立し、上海市にサービスを提供することを認める。
	⑯娯楽施設	外商独資の娯楽施設を設立し、試験区内でサービスを提供することを認める。
6．社会サービス	⑰教育・技能研修	中外合弁経営の教育研修機構及び職業技能研修機構の設立を許可する。
	⑱医療	外商独資医療機構の設立を許可する。

出所：「中国（上海）自由貿易試験区総体方案」より筆者作成

　1980年代における改革開放の初期から、中国は「漸進的改革」の手法を堅持している。つまり、改革開放策は一斉に全国範囲で行うのではなく、まず一部の地域でテスト的に試行し、その効果を検証しながら段階的に他の地域へ広げていくといったやり方である。今回の自由貿易試験区も同様にまず上海で2～3年間試行し、その成果を踏まえて徐々に他の都市に広げる構えであるという（日本経済新聞2013年9月28日）。報道によると、中国（上海）自由貿易試験区の設立が正式に発表された直後に、遼寧省大連市、天津市、山東省青島市、浙江省舟山

市、福建省アモイ市、広東省などの沿岸部省市及び内陸部の重慶市が相次いで自由貿易試験区の設立に向けて動き始めたという（日本経済新聞2013年9月28日、図表7－7）。そもそも最初から「上海自由貿易試験区」ではなく、「中国（上海）自由貿易試験区」という名称にしたのも、上海だけでなく、同じものを全国に複数設立するとの構想があったと思われる。また「試験区」というのは「テストエリア」の意味であり、ある政策について先に特定の場所で試行し、成功してから他の場所へ広げていくという意味はその言葉にも含まれている。

図表7－7　自由貿易区を設置・検討する地域

出所：日本経済新聞2013年9月28日

(2) 体制改革の深化とビジネス環境の国際化、法治化、効率化

　貿易や投資、金融、サービスなどに関する開放拡大と同時に、それに関連する貿易制度や投資制度、金融制度など各分野の制度に対する改革と整備、そして行政面と法制面における改革刷新が試験区のもう1つ重要な内容となっている。具体的には、貿易制度の改革については、貨物の区内への搬入手続き、検査検疫手続きの簡素化、多国籍企業が自由貿易試験区にアジア・太平洋地域本部を設立することを奨励すること、貿易・物流・決済等の機能が整合されたビジネス・物流センターを構築すること、貿易促進の税収政策を実施することなどが取

り上げられる。投資制度の改革については、ネガティブリスト管理方式の導入、ネガティブリスト以外の分野における外商投資について従来の審査許可制から届出制に変更すること、国外投資設立企業と国外投資一般項目についても届出制を実施すること、投資促進の税収政策を実施することなどが取り上げられている。金融制度については、人民元資本項目の交換自由化、金融市場金利の市場化、人民元のクロスボーダー取引等の試験的実施、自由貿易試験区に見合った外貨管理体制の確立、外債管理方式の改革及びクロスボーダー融資の利便化の促進などが取り上げられている。行政管理体制改革については、事前審査許可重視から中間過程、事後の監督管理を重視する政府管理に変更すること、ワンストップ受理、総合審査許可と高効率運営のサービス方式を確立すること、業種情報の追跡、監督管理と分類集中の総合評価体制を確立し、試験区内の企業による区外での経営活動の全過程の追跡、管理と監督を強化すること、知的財産権紛争の調停、援助などの解決体制を確立することなどが取り上げられている。法制保障の整備については、試験区の発展需要に合致する高基準の投資と貿易の規則体制形成を急ぐこと、外資投資の審査制度を規定している「外資企業法」、「中外合資経営企業法」、「中外合作経営企業法」規定の係る行政審査許可を一次調整すること、試験区管理制度を確立することなどが取り上げられている。

　同様な取組は上海にとどまらず、他の都市へも徐々に普及していくとされており、これによって、中国においては、改革は一層深化し、ビジネス環境の国際化、法治化、効率化がさらに向上すると考えられる。

(3)「第2の改革開放」説について

　前述したように、これまでの多くの報道と評論において、中国（上海）自由貿易試験区の設立を「第2の改革開放」または「第2の特区」の開始と見られている。つまり、1979年以降深圳などで設立された

「経済特区」及びその後の「沿海開放都市」などは中国における第1の改革開放であり、それは中国に大きな変貌をもたらした。今回の自由貿易試験区の設立はその手法にならい、中国で改革開放の第2の波を起こそうとするものであるとのことである。

確かにこれまで見たように、試験区の設立にあたって、さまざまな開放拡大策と改革推進策を打ち出して、モデルケースを作り出そうとする手法は経済特区に似ている。しかし、このような改革開放の拡大とバージョンアップは今回が初めてではなく、国家総合改革試験区の設立によってスタートを切ったのであり、今回の自由貿易試験区はあくまでもそれ以降の取り組みの継続と発展である。

第5章で述べているように、2005年6月、国務院は上海浦東新区における総合改革試験の実施を許可し、2006年1月に「浦東総合改革試験全体方案」を承認した。これを皮切りに、天津濱海新区総合改革試験区、重慶・成都都市農村協調発展総合改革試験区、武漢都市圏と長（沙）株（洲）（湘）潭都市圏資源節約型・環境友好型社会建設総合改革試験区、深圳市総合改革試験区、瀋陽経済区新型工業化総合改革試験区、山西省資源型経済総合改革試験区、厦門市深化両岸交流協力総合改革試験区など複数の国家総合改革試験区が設立された。経済特区の①国による手厚い優遇措置と財政支援、行政指導、②製造業中心、③外資導入中心、④経済体制改革などに比べて、国家総合改革試験区には、①国による手厚い優遇措置と財政支援、行政指導が無くなり、代わりに改革試験の権限や自主的に制度・政策を策定する権限が委譲されるようになり、②サービス業などの第3次産業が中心となり、③外資導入と中国資本の海外進出が同時に重視されるようになり、④経済分野の改革だけでなく、都市・農村二元構造と土地制度の改革、資源節約と環境保護モデルの樹立、政府職能転換をはじめとする行政体制の改革などを含む総合的な改革が講じられるようになった。こうして、中国における改革開放の第2の波が始まった。今回の自由貿易試験区の設立はその延長線にあるものであると考えられる（図表7−8）。

図表7－8　中国における「第2の改革開放」の推移

項目（目的目標）	試験区または規画名（設立または承認年）
国家総合改革試験区 （経済体制改革から総合的改革への転換）	上海浦東新区総合改革試験区（2005） 天津濱海新区国家総合改革試験区（2006） 重慶・成都都市農村協調発展国家総合改革試験区（2007） 武漢都市圏と長（沙）株（洲）（湘）潭都市圏資源節約型・環境友好型社会建設国家総合改革試験区（2007） 深圳特区国家総合改革試験区（2009） 瀋陽経済区新型工業化総合改革試験区（2010） 山西省資源型経済総合改革試験区（2010） 厦門市両岸交流協力総合改革試験区（2011）
海洋経済発展試験区 （発展空間の陸域から海域への拡大）	山東半島藍色経済区発展規画（2011） 浙江海洋経済発展モデル区規画（2011） 広東海洋経済総合試験区発展規画（2011） 福建海峡藍色経済試験区発展規画（2012） 天津海洋経済科学発展モデル区規画（2013）
自由貿易試験区 （対外開放の拡大と改革の深化）	中国（上海）自由貿易試験区（2013）

出所：筆者作成

5．おわりに

　中国（上海）自由貿易試験区の設立は名称が「自由貿易区」となっていることもあり、貿易及び投資の振興策として見られているが、実は単に貿易と投資の振興策ではなく、金融制度の改革と金融分野の開放、管理方式と政府機能の転換、法制度の整備と強化などを含む幅広い政策措置が打ち出されている。そのため、「同試験区は貿易の自由化、投資の自由化、金融の国際化、行政の簡素化という4つの使命を担う」（人民網2013年9月30日）、金融、投資、貿易、法制、行政等に関する改革の方向性が示されている（JETROホームページ）との指摘がある。その設立は、中国における開放の拡大、改革の深化、経済の発展にとって大きな意義があろうと考えられる。

　そこで、中国（上海）自由貿易試験区の設立は「第2の改革開放」や、「新たな改革開放のテストケース」とも評価されているが、実は中国における「第2の改革開放」、「新たな改革開放のテストケース」の始まりは中国（上海）自由貿易試験区ではなく、2005年以降の「国

家総合改革試験区」の取り組みであり、中国（上海）自由貿易試験区は国家総合改革試験区から始まってきた新たな改革開放の継続であり、一環であると考えられる。また、国家総合改革試験区は上海が第1号となり、上海から他の都市に広げたと同様に、自由貿易試験区の取り組みも上海での成果を踏まえ、今後徐々に全国へ広げていくだろうと思われる。

　中国（上海）自由貿易試験区の設立に伴って、貿易や金融、サービス業における規制が大きく緩和され、投資の利便性が大きく向上するようになった。これは日系企業にとっても良い影響をもたらすものと思い、日系企業の中国進出増加にもつながるだろうと思っている。JETROが実施した「中国（上海）自由貿易試験区に関する上海・華東地域日系企業意識調査」[8]によると、自由貿易試験区に対する期待を尋ねたところ、8割近く（78.3%）の企業が「期待している」又は「大いに期待している」と回答しており、さらにどのような点に期待しているかを尋ねたところ、貿易面（自由貿易試験区内への搬入手続きや検査検疫手続きの簡素化、多国籍企業の本部機能の誘致等）、金融面（一定の条件下での人民元の自由化、金利の市場化、人民元クロスボーダー取引等）、投資面（サービス業の開放拡大、外商投資項目のネガティブリスト方式化等）に対する期待が特に高く、ほかに法制面（外資企業にかかる法律の審査・批准手続きの3年間停止等）、行政面（事前の審査認可から事後のモニタリングへの転換、異なる行政部門の共同管理の実現等）に対する期待も高かったという（JETROホームページ）。制度改革が順調に進展するのかを懸念する声も一部企業にあったようであるが、全体的に、中国（上海）自由貿易試験区に対して、日系企業の関心・期待は極めて高いと見られる。

　ただし、試験区は設立されたばかりのものであり、実質的で具体的な関連政策措置の策定と打出しもこれからが正念場となると考えられており、今後はその動向と効果について注目し、研究し続けたい。

注─────
1）中国における各種保税区には以下のような区別があるとされる。保税区は、国内の一般地域とは隔離され、関税上では「外国」と見なされて海外から輸入する貨物を保税扱いとし、積み込み、保管、生産、加工が認められた地域。税関は保税区から非保税区への搬入は輸入、非保税区から保税区への搬入は輸出と見なすが、税務局は保税区内搬入のみでは増値税の輸出還付を認めていない。保税物流園区は、区内でのコンテナ積替が可能など、保税区の中にあって保税機能をより深化させた物流利便性の高い区域。輸出加工区と同じように貨物が区内に搬入された時点で輸出と見なされ、直ちに増値税の還付が受けられるが、輸出加工区と異なり、区内での生産、加工は認められない。総合保税区は、保税区、輸出加工区に、保税物流センターの特徴とメリットを統合した内陸型保税地域。国際貿易、メンテナンス・テスト、倉庫物流、生産加工、商品展示等の業務が可能。保税港区は、総合保税区と港湾機能が一体化した物流拠点として開放度が高い対外貿易港区である（日中経済協会2012）。2012年9月時点では、中国全国に、保税区12、保税物流園区5、総合保税区18、保税港区14が設置され、ほかに輸出加工区60、保税物流センター23が設置されている。詳細については日中経済協会（2012）を参照されたい。なお、増値税とは、日本の消費税に近い付加価値税であり、物品販売、加工及び輸入業務が課税対象である。輸出販売製品に消費した原材料、部品、燃料等にかかった仕入税額が国内販売にかかる増値税納付額を上回り、相殺し切れなかった分について還付請求をすることができる（有限責任あずさ監査法人企業成長支援本部編2012）。
2）中国（上海）自由貿易試験区管理委員会によると、自由貿易試験区外の会社は自由貿易試験区内に移転することができる。移転後は、自由貿易試験区内の政策に従って登記を行い、元の営業許可証を返納し、新しい営業許可証の発給を受けなければならないという（中国（上海）自由貿易試験区管理委員会「自由貿易試験区投資実務関連質問Q＆A」）。
3）「12・5」は第12次5カ年計画期間（2011－15年）のこと。
4）自由貿易試験区進出第1弾36社の内訳は次の通りである。金融機関11社、その他25社。外資は米国のマイクロソフト、シティバンク、ドイツのポルシェの他、タイ、シンガポール、オランダ、フィンランド、フランス、イタリアなど。日系はなし（JETROホームページ）。
5）中国の国民経済業種分類は、18のカテゴリー、89の大分類、419の中分類、

1,069の小分類に分けられる。今回のネガティブリストは小分類に基づいて規制が行われ、計190条の管理措置が制定され、国民経済業種1,069の小分類中の17.8％に及んでいるという（JETROホームページ）。
6）届出制と審査許可制の区別について、中国（上海）自由貿易試験区管理委員会は次のように説明している。外資参入段階において、審査許可制では、商務主管部門はまずその投資主体資格、投資分野業界、投資方式、投資金額、設立予定会社の契約・定款などの真実性・適法性について審査・認可を行うという、一種の事前管理の方式であるが、届出制では、商務主管部門はその投資主体資格、投資分野業界などの基本情報に関する届出を行うのみであり、投資管理は中間過程と事後の監督管理の重視へと変更されている（中国（上海）自由貿易試験区管理委員会「自由貿易試験区投資実務関連質問Q&A」）。
7）JETRO「2013年度日本企業の中国での事業展開に関するアンケート調査（2013年9月）」JETROホームページを参照されたい。
8）調査はJETRO上海事務所が2013年10月16日〜10月23日に上海日本商工クラブ会員、華東地域の各地日本商工クラブ会員を対象として実施したものであり、回答企業は294社である。

参考文献

日中経済協会（2012）『中国経済データハンドブック』2012年版
21世紀中国総研編（2013）『中国情報ハンドブック2013年版』蒼蒼社
三菱東京UFJ銀行（2013）「BTMU（China）経済週報」第45期
三菱東京UFJ銀行（2013）「BTMU中国月報」第90号
有限責任あずさ監査法人企業成長支援本部編（2012）『中堅・中小企業のアジア進出ガイドブック』中央経済社

JETROホームページ http://www.jetro.go.jp
人民網 http://www.people.com.cn
大和総研（2013）「アジアンインサイト」http://www.dir.co.jp
チャイナネット http://japanese.china.org.cn

第 8 章　中国の改革開放の進化と日本

1．中国における改革開放の進化

　これまで中国における改革開放政策の展開について象徴的なものを取り上げながら見てきた。1980年の経済特区の設立からスタートした改革開放は「初期の改革開放」、「第1の改革開放」とすれば、2005年の国家総合改革試験区の設立から、中国の改革開放は新たなステップを迎え、「進化する改革開放」、「第2の改革開放」と言ってよかろう（図表8－1）。

　「第1の改革開放」と比べて、2005年頃から始まった「第2の改革開放」は、実施しようとする政策をまず特定のエリアで試行し、それが成功してから他の地域へ拡げていくといった「漸進的改革」手法自体が特に変わっていないが、具体的な改革開放政策の内容などが大きく進化している（図表8－2）。

　経済特区、沿海開放都市、沿海経済経済区、上海浦東新区など初期の改革開放の試行地域については、①改革は経済体制に対する改革を中心とする、②改革開放の視野は主に中国国内、特に東部沿海地域に置かれる、経済開発は主に陸域にとどまっている、③改革開放試行地域の地方政府に対して、中央政府による手厚い優遇措置や財政支援、行政指導などが与えられていた、④対象産業は主に製造業、輸出産業を中心とした、⑤対外開放は主に外国から直接投資の導入に力を入れた、などを特徴として挙げることができる。それに比べて、国家総合改革試験区、天津濱海新区以降の諸国家級新区、海洋経済発展試験区、自由貿易区などを含めた新しい改革開放の試行地域については、①改革の領域は経済体制から都市・農村二元構造と土地制度の改革、資源節約と環境保護モデルの樹立、政府職能転換をはじめとする行政体制の改革などを含む多様な分野へ拡げた、②改革開放の視野は中国国内

だけではなく、外国特に周辺国・地域との連携にも拡大している、また経済開発は陸域にとどまらず、海域にも目を向けるようになってきている、③改革開放試行地域の地方政府に対して、これまで中央政府による手厚い優遇措置や財政支援、行政指導などが無くなり、または僅少となった一方、地方政府には「大胆創新」、「先行先試」と言われたもっと大きな自主権が与えられた、④対象産業は製造業中心から先端産業、第3次産業中心へ変わってきた、⑤対外開放は単に外国直接投資の導入（「引進来」）だけではなく、中国企業の積極的な海外進出（「走出去」）も同時に奨励されるようになった、などの特徴が見られる。2013年11月に中国共産党第18期3中全会から採択された「改革の全面的深化に関する若干の重大問題についての決定」は、中国における新しい改革開放政策の集大成と重要な転換点と言ってよかろう。これにより、中国における改革開放の進化は一層加速していくと思われる（進化する中国の改革開放の代表的な政策文書については付録を参照されたい）。

第8章　中国の改革開放の進化と日本

図表8-1　中国における改革開放の進化

	項目（目的目標）	試験区または規画名（設立または承認年）
第1の改革開放	経済特区 (外資導入と経済改革の実験)	深圳、珠海、汕頭、厦門（1980）、海南（1988）
	沿海開放都市 (外資導入と経済改革の試行)	大連、秦皇島、天津、煙台、青島、連雲港、南通、上海、寧波、温州、福州、広州、湛江、北海（1984）
	沿海経済開放区 (外資導入と経済改革の試行)	珠江デルタ、長江デルタ、閩南デルタ（1985）　遼東半島、山東半島、環渤海地区（1988）
	国家級新区 (開放型経済や現代産業体系の推進、特定分野の改革の試行)	上海浦東新区（1990）、天津濱海新区（2006）、重慶両江新区（2010）、浙江舟山群島新区（2011）、甘粛蘭州新区（2012）、広州南沙新区（2012）、鄭州鄭東新区（2013）
第2の改革開放	国家総合改革試験区 (経済体制改革から総合的改革への転換)	上海浦東新区総合改革試験区（2005） 天津濱海新区国家総合改革試験区（2006） 重慶・成都都市農村協調発展国家総合改革試験区（2007） 武漢都市圏と長（沙）株（洲）（湘）潭都市圏資源節約型・環境友好型社会建設国家総合改革試験区（2007） 深圳特区国家総合改革試験区（2009） 瀋陽経済区新型工業化総合改革試験区（2010） 山西省資源型経済総合改革試験区（2010） 厦門市両岸交流協力総合改革試験区（2011）
	海洋経済発展試験区 (発展空間の陸域から海域への拡大)	山東半島藍色経済区発展規画（2011） 浙江海洋経済発展モデル区規画（2011） 広東海洋経済総合試験区発展規画（2011） 福建海峡藍色経済試験区規画（2012） 天津海洋経済科学発展モデル区規画（2013）
	自由貿易試験区 (対外開放の拡大と改革の深化)	中国（上海）自由貿易試験区（2013）

出所：筆者作成

図表8-2　第1・第2の改革開放の比較

	第1の改革開放	第2の改革開放
内容	経済体制改革中心	経済体制改革を含めた全面的改革
視野と地域	①国内 ②東南沿海部陸域中心	①周辺国・地域との連携を含む ②海洋地域を含めた全域
中央・地方関係	政策地域へ優遇措置付与 政策地域へ財政支援 政策地域に対する行政指導	優遇措置なしまたは少、先行先試権 財政支援なしまたは少 地方自主権
対象産業	製造業中心	先端産業・第3次産業中心
外資利用	外資導入中心	外資導入＋中国企業の海外進出

出所：筆者作成

2．日中経済関係の発展と日本の対中依存度の高まり

　周知のように、日中経済の相互依存関係は中国における改革開放の進展と経済の急成長に伴って形成され、かつますます強まっている。そのなかで、日本は、中国の改革開放と経済発展にODAや貿易、対中直接投資などの形で大きく貢献する一方、その恩恵も貿易や企業の中国進出、中国人観光客の受入れなどの形で大きく享受していると言える。

　図表8－3は1978年以降の日中貿易の推移を示すものであり、日本の対中輸出と輸入のいずれも拡大傾向が続いているとわかる。日本にとって中国は2002年以来最大の輸入元であり、輸出については2001年から米国に次いで2番目、2009年以降米国を超えて最大輸出先になっている。近年の日中貿易額を見てみると、日本の輸入総額に占める中国のシェアは2010年22.1％（1,528.01億ドル）、2011年21.5％（1,834.87億ドル）、2012年21.3％（1,890.19億ドル。ちなみに2位の米国は8.6％、764.60億ドル）、日本の輸出総額に占める中国のシェアは2010年19.4％（1,490.86億ドル）、2011年19.7％（1,614.67億ドル）、2012年18.1％（1,446.86億ドル。2位の米国は17.6％、1,406.24億ドル）にも及んでおり、貿易における日本の対中依存度は非常に高いものである。また貿易額だけではなく、日中の貿易構造についても、1990年代初頭までの「日本が製品輸出、原材料を輸入」から1990年代後半に「日本が技術・資本集約型製品を輸出、労働集約型製品を輸入」に、2000年代以降「両国が部品を含めた機械・電機製品を輸出入」する形へダイナミックに変貌し（日本経済研究センター2008）、確実に相互補完・相互依存関係になっている。

第 8 章　中国の改革開放の進化と日本

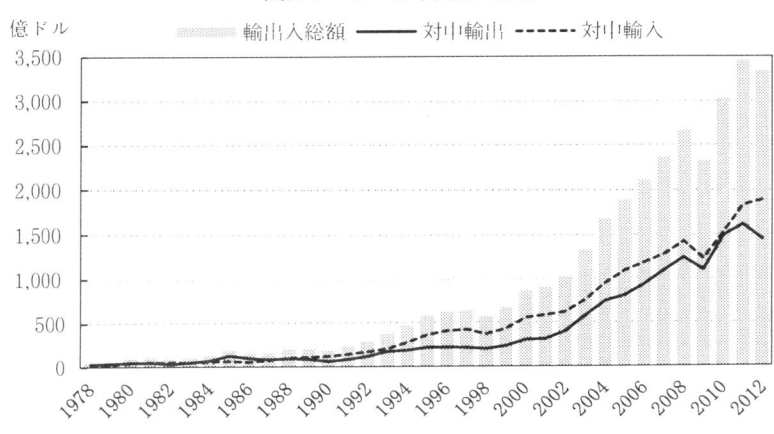

図表 8 － 3　日中貿易の推移

出所：日中経済協会（2013）より作成

　図表 8 － 4 は1979年以降の日本の対中直接投資の推移を示すものである。新規契約件数と新規実行額のいずれも長期的に上昇傾向にあり、新規契約件数について1993年、2004年に、新規実行額については1988年、1997年、2005年にピークがあることがわかる。その主要因として中国側における対外開放政策の本格化（1980年代初頭）、改革開放の加速を呼びかけた鄧小平の「南巡講和」（1992年）[1]、WTO加盟（2001年）に伴う市場参入規制の緩和、日本におけるプラザ合意後の円高（1985年）、バブル崩壊後の円高（1995年）、中国のWTO加盟による中国市場開拓への期待が挙げられる（日本経済研究センター2008）。2006年以降新規契約件数と新規実行額はともに減少に転じているが、新規実行額は2010年の40.8億ドルから2011年に63.3億ドル、2012年に73.5億ドルへと再び上昇し始めた。

　日本の対外直接投資額（国際収支ベース）に占める対中国のシェアを見ると、2010年総額49,388億円の中対中国6,284億円（12.7%）、2011年総額91,262億円の中対中国10,046億円（同11.0%）、2012年総額97,782億円の中対中国10,759億円（同11.0%）、対中国だけが日本の対外直接投

165

資の1割以上を占めている（日中経済協会2013）。

　従来、生産コストの低減が日本企業中国進出の最大の要因であったが、近年では卸売・小売業、金融・保険業、サービス業などの非製造業の進出が急増し、また製造業も生産コストの低減より現地の旺盛な需要を重視するようになってきた（張兵2012）。日本にとっては、中国は「世界の工場」に「世界の市場」の魅力が加わった存在となっている。

　なお、中国進出日本企業の立地を見てみると、それは主に中国改革開放の最前線である沿海部省市に集中していることがわかる（図表8－5）。

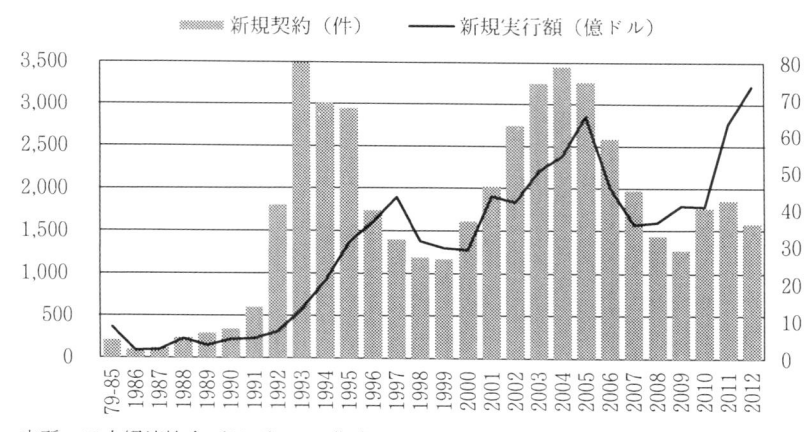

図表8－4　日本の対中直接投資の推移

出所：日中経済協会（2013）より作成

第8章　中国の改革開放の進化と日本

図表8－5　日本の対中直接投資の主要省市（2008－11年）

	新規契約(件)				新規実行額(億ドル)			
	2008年	2009年	2010年	2011年	2008年	2009年	2010年	2011年
中国全体	1,438	1,275	1,762	1,859	36.52	41.05	40.84	63.30
大連市	171	141	152	134	8.32	6.58	10.48	11.19
北京市	109	86	118	－	4.72	2.39	4.07	7.72
天津市	38	38	48	67	4.35	3.29	4.34	11.92
山東省	105	82	128	107	4.02	3.04	3.19	5.26
江蘇省	243	228	322	352	13.55	13.66	10.29	24.36
上海市	387	358	566	645	9.32	8.56	10.10	11.92
浙江省	85	72	71	100	2.85	3.84	3.12	4.19
広東省	91	65	108	116	5.29	6.34	5.10	6.94

出所：日中経済協会（2013）より作成

3．中国ビジネスの問題点について

　日本企業にとっては、中国は巨大市場としての魅力がある一方、さまざまな問題とリスクもある。ここでは、最近特に懸念されている賃上げと「チャイナ・リスク」について私見を述べておきたい。

　まず賃上げについて。中国では賃金が上昇し、そのため生産をより安いところへ移す会社が増えているし、海外進出なら中国より賃金のやすい東南アジアを選んだほうがよいとの説がさかんになされるようになっている。

　確かに中国において賃上げが止まらなく、より安いところへ移そうという動き・考え方は理解できる。しかし、賃上げがあるからビジネスできないというように、賃上げを完全にマイナス視して果たしてよいだろうか。筆者が知る複数の会社の場合、賃上げをポジティブに対応した結果、事業がうまく成功し、あえて賃金の高いところで生産の拡大をしようとしている会社もあった。その理由は以下の3点にある。①もともと中国人従業員の賃金レベルが低いのは事実であり、賃上げを正当な要求として前向きに受け入れるべきだと考えられる。これは、当然会社のコスト増につながるが、従業員のやる気・愛社心を引き出

すことができ、結果的に会社の成長にとって良いこととなる。②賃上げを活用することによって、従業員の競争意識ややる気を促すことが期待できる。入社してしばらくすると、優秀な人とそうではない人がはっきりわかるはずであり、一律的な低賃金にこだわらず、一部優秀な人に対して積極的に賃上げを与えることは、かれらのやる気、また会社全体の競争意識を向上させる効果がもたらされ、会社にとって決して都合のわるいことではないという。③賃金より従業員の質がもっと重要だと考えられる。良質かつ安い、というのが言うまでもなく理想的である。しかし両方とも揃えない場合、たとえ少し高くても有能で良質な人を確保することが賢明であろう。言い換えれば、質がよければ、会社への貢献ははるかに大きいはずだから、比較的高い賃金を払っても良かろう、ということである。

　このように、一般論では、賃上げは事業にとってマイナス要素であり、賃金の高いところより低いほうが選好されることとなるが、賃金より人の質のほうがもっと大事であり、また賃上げをうまく対応できればプラスになる可能性もあるので、賃上げを完全にマイナス視してはいけないと思われる。

　尖閣問題に端を発した中国の反日デモ、特に日本製品や日本企業の被害を目の当たりにし、日本企業の中国撤退についての関心・議論が急速に高まった。「チャイナ・リスク」を再認識し、中国撤退及び事業の再配置を検討しようとの主張が注目されており、実際、そうする企業は出ている。

　しかし、一方では、中国ビジネスをあきらめるのはまだはやいと思う。日系製品や工場、店舗に対する破壊、略奪行為は一部暴徒化したデモ参加者によるものであり、中国国内でも大いに非難、批判されているので、これからも頻繁に起こるとは考えにくい。また、「抵制日貨」と叫ぶ人がいるものの、日本製品と日本式サービスの良さを理解し、利用する人がたくさんいるのも事実である。さらに、中国から東南アジアや日本国内へのシフトが主張されているが、リスクと言えば

どこの国にも避けられないものであり、そもそも、日本企業の中国進出は、製造業も非製造業も、中国における巨大市場や地理的便利さなどを求めているからであり、かつ中国においてすでに多大な投資や蓄積を行っていることもあろうから、中国以外へのシフトは決して簡単なことではないと言えよう。いずれにせよ、日本企業にとって中国ビジネスは必要であり、可能であり、簡単にあきらめるべきではないと考える。

4．今後の展望

2013年JETROが実施した「日本企業の中国での事業展開に関するアンケート調査（ジェトロ海外ビジネス調査）結果概要[2]」によると、2012年9月中旬以降の日中関係の情勢を踏まえて、「中国におけるビジネス・リスクが高まった」（単一回答）との回答は52.2％にも及んでいるが（次いで変わらない39.2％、低下した3.5％、わからない4.0％、無回答1.1の順である）、しかし、「中国での今後のビジネス展開」（単一回答）について、「既存ビジネスの拡充、新規ビジネスを検討している」との回答は60.7％、次いで「既存のビジネス規模を維持する」は21.5％に達し、「既存ビジネスの縮小、撤退を検討している」との回答は7.7％にすぎないとわかった（ほかに「わからない、無回答」10.1％）。

「今後も中国でビジネスを展開する理由」（複数回答）として、「市場規模、成長性など販売面でビジネス拡大を期待できるから」が70.1％で最も多く、次いで「すでに事業が確立し軌道に乗っているから」42.8％、「生産コストなど製造面で他国・地域より優位性があるから」22.4％、「裾野産業の充実など調達面で他国・地域より優位性があるから」12.0％、「日本との距離が近く経営の目が行き届きやすいから」9.9％の順である。

「中国におけるビジネス上のリスク・問題点」（複数回答）については、「政情リスクに問題あり」と「人件費が高い、上昇している」がそれぞれ55.5％、55.3％で最も懸念され、「中国ビジネスの他国への

移管や、中国からの撤退を検討する理由」（複数回答）についても、「生産コストなど製造面で他国・地域より劣るから」（52.0％）と「カントリーリスクが高いなど安定的な工場の操業や店舗の営業にリスクを伴うから」（32.0％）との２つは最も指摘されている。

　以上からわかるように、中国における改革開放はまだ進行しており、中国にはまださまざまな課題、問題が存在している。これらは日本企業の中国ビジネス上の不利な要素となる。しかし一方では、中国におけるこれまでの改革開放の結果として、中国は空前の発展を遂げ、類比のない巨大市場として成長してきた。今後、中国の改革開放の進化に伴って、日本企業にとって中国におけるビジネスチャンスがますます拡大していくに違いないと言えよう。問題点やリスクに対応しつつ、中国における改革開放の活力と恩恵を積極的に取り込み、享受することが必要であり、可能であると考えられる。

注

1）鄧小平氏が1992年１月18日から２月21日にかけて、武漢、深圳、珠海、上海などを視察し、改革開放の加速を号令した一連の重要談話を発表した。
2）調査対象企業は中国とのビジネスを行っているJETROメンバー企業802社。調査項目は①中国におけるビジネス展開、②中国のビジネス環境の２つ。調査期間は2013年８月。有効回答率は81.2％（651社、JETROホームページ）。
3）ほかに「法制度が未整備、運用に問題あり」47.2％、「知的財産権の保護に問題あり」46.5％、「代金回収上のリスク・問題あり」39.2％、「労務上の問題あり」28.6％、「税務上のリスク・問題あり」25.8％、為替リスクが高い16.6％などがあった（JETROホームページ）。
4）ほかに「法律や規制が整備されておらず、運用も不安定だから」20.0％、「知的財産権の保護や代金回収などに問題があるから」18.0％、「為替リスクが大きいから」10.0％などがあった（JETROホームページ）。

参考文献

張兵（2012）『図説アジアの地域問題』時潮社
日中経済協会（2013）『中国経済データハンドブック』　2013年版

JETROホームページ http://www.jetro.go.jp
日本経済研究センター（2008）「日中経済の相互依存関係と中国経済の変動の波及経路」財務省ホームページhttp://www.mof.go.jp

付録1　中国の改革開放に関する年表

年	事項
1949	(10.1)中華人民共和国成立
1950	(12.8)政務院、「対外貿易管理暫定条例」公布
1951	(7.16)公安部、「都市戸籍管理暫定条例」公布
1952	(1.8)財政経済委員会、「国民経済計画編成暫定弁法」通達
1953	(1.1)第1次5カ年計画期開始
1954	(1.3)政務院、「貿易輸出入商品検査暫定条例」公布
1955	(7.5)第1期全国人民代表大会(以下、全人代)第2回会議、李富春が第1次5カ年計画について報告
1956	(4.25)毛沢東、中国共産党中央委員会(以下、中共中央)政治局拡大会議で「十大関係論」講話
1957	(11.14)全人代常務委員会、「工商業と財政管理体制の改善に関する規定」採択
1958	(1.8)国務院、「戸籍登記条例」公布 (5.5)中国共産党8期2中全会、「社会主義建設の総路線」採択 (8.29)中共中央政治局拡大会議、「農村に人民公社を設立する問題についての決議」採択 (12.10)中国共産党8期6中全会、「人民公社の諸問題に関する決議」採択
1961	(1.14)中国共産党8期9中全会、「調整・強化・充実・向上」の八字方針採択
1962	(3.23)農村人民公社工作条例(農業60条)草案制定 (6.16)中共中央、都市人口削減政策決定
1963	(2)中共中央工作会議、1963-65年を「調整期」と規定
1964	(5)中共中央工作会議、三線建設提起 (8.18)毛沢東、三線建設指示
1965	(2.26)中共中央・国務院、「西南三線建設体制問題についての決定」発布 (9.18)中共中央工作会議、「三線建設を加速し、工業配置を逐次に変えていく」第3次5カ年計画の方針承認 (11)国務院、「基本建設計画管理を改善することのいくつかの規定」(草案)発表
1966	(8.8)中国共産党8期11中全会、「プロレタリア文化大革命についての決定」採択
1970	(2.15)全国計画工作会議、第4次5カ年計画綱要(草案)討論
1977	(8)中国共産党第11期全国代表大会、文化大革命終了を宣言、「四つの現代化」建設を掲げる

1978	(2.26)第5期全人代第1回会議、国民経済発展10カ年計画要綱（第5次5カ年計画を含む）採択
	(12.18)中国共産党11期3中全会、階級闘争の終了を宣言、工作の重点を社会主義現代化建設に移すことを決定。改革開放時代始まる
1979	(6.18)第5期全人代第2回会議、3年間の国民経済の「調整・改革・整頓・向上」を決定
	(7.15)中共中央、広東・福建両省への対外経済活動自主権賦与を承認、広東省の深圳、珠海での輸出特別区設置決定
	(8.22)上海市、「計画出産推進に関する若干の規定」通達、「一人っ子証」発行と優遇策、「一人っ子政策」始める
1980	(5.16)中共中央・国務院、広東省の深圳、珠海、汕頭、福建省の厦門での経済特区の設置決定
	(8.26)第5期全人代常務委員会第15回会議、「広東省経済特区条例」批准
1982	(11.26)第5期全人代第5回会議、第6次5ヵ年計画承認、人民公社の廃止決定
1983	(4.1)国務院、「国営工業企業暫定条例」公布、独立採算制・工場長責任制実施
1984	(5)中共中央・国務院、大連、秦皇島、天津、煙台、青島、連雲港、南通、上海、寧波、温州、福州、広州、湛江、北海の14の沿海都市を沿海開放都市に指定
	第6期全人代第2回会議、「中華人民共和国民族区域自治法」採択
	(10.20)中国共産党12期3中全会、「経済体制改革に関する決定」採択
1985	(1)国務院、長江デルタ・珠江デルタ・福建南部デルタを沿海経済開放区に指定
1986	(3.25)第6期全人代第4回会議開催、第7次5カ年計画承認
1988	(2.6)中共中央政治局会議、趙紫陽が「沿海経済発展戦略」提起
	(3.25)第7期全人代第1回会議、海南省の設置決定、海南島全島を経済特区に指定
1989	(12.26)全人代常務委員会、「都市計画法」採択
1990	(4.18)中共中央・国務院、上海浦東地区の開発加速及び優遇政策の実施承認
	(4.30)上海市、「浦東新区で実施される10項目の優遇政策」と浦東新区開発計画発表
	(12.19)上海証券取引所営業開始
1991	(4.9)第7期全人代第4回会議、国民経済と社会発展10ヵ年計画と第8次5カ年計画要綱採択
	(7.3)深圳証券取引所営業開始
1992	(1)鄧小平、深圳を視察し改革開放路線の加速を訴える、「南巡講話」
	(4)第7期全人代第5回会議、三峡ダムプロジェクト承認
1993	(11.14)中国共産党14期3中全会、「社会主義市場経済体制確立にかかわる諸問

	題に関する中共中央の決定」採択
1994	(1.1)分税制導入 (12.14)三峡ダム着工式典が湖北省で挙行
1996	(3.17)第8期全人代第4回会議、第9次5カ年計画と2010年長期目標要綱採択
1997	(3.14)第8期全人代第5回会議、重慶市の直轄市昇格承認
1998	(10)中国共産党15期3中全会、「農業と農村工作に関する若干重大問題についての決定」採択
1999	(9)中国共産党15期4中全会、「国有企業の改革・発展に関する決定」採択 (11)中共中央・国務院中央経済工作会議、西部大開発戦略提起
2000	(1)国務院西部地区開発指導小組設立 (3)第9期全人代第3回会議、「西部大開発」承認 (12)国務院、「西部大開発の実施に関する若干の政策措置についての通知」発表
2001	(3.15)第9期全人代第4回会議、第10次5カ年計画要綱採択 (8)国務院西部開発弁公室、「西部大開発の若干の政策措置に関する実施意見」発表 (12.11)「中国のWTO加盟議定書」発効、中国がWTOに正式に加盟
2002	(7.4)「西気東輸」プロジェクトの着工式典が北京で挙行
2003	(9)国務院常務会議・中共中央政治局会議、東北地区等旧工業基地振興戦略提起 (10.11)中国共産党第16期3中全会、「社会主義市場経済体制改善に関する若干の問題についての決定」採択 (12)国務院東北地区等旧工業基地振興指導小組設立
2004	(1.1)中国と香港の経済貿易緊密化協定(CEPA)が発効 (3.5)第10期全人代第2回会議、西部大開発、東北振興などを掲げた政府活動報告採択 (3.22)国務院、「西部大開発のさらなる推進に関する若干の意見」発表 (8.3)「西気東輸」プロジェクト全パイプラインが完成
2005	(3.5)第10期全人代第3回会議、西部大開発、東北振興、中部崛起を掲げた政府活動報告採択
2006	(3.5)第10期全人代第4回会議、第11次5カ年計画要綱採択、調和のとれた社会の構築提起 (3.13)国務院、北京－上海間高速鉄道、上海－杭州間リニア建設事業承認 (5.20)三峡ダム本体工事が完成
2007	(10)中国共産党第17期全国代表大会、「科学的発展観」を盛り込んだ党規約採択。2020年までに1人あたりGDP2000年比4倍提起
2008	(8.1)北京－天津間高速鉄道開業

	(8.8)北京五輪開幕
	(10.12)中共中央17期3中全会、「農村改革の推進に関する若干の重大問題についての決定」採択
2010	(1.1)中国・東南アジア諸国連合(ASEAN)の自由貿易圏が正式に発足
	(4.13)国務院、「外資利用のさらなる推進に関する若干の意見」発表
	(4.30)上海万国博覧会開幕
	(6.12)国務院常務会議、全国主体機能区計画採択
	(6.29)台湾との両岸経済協力枠組み取決め(ECFA)締結
2011	(3)第11期全人代第4回会議、第12次5カ年計画要綱採択
	(6.30)北京－上海間高速鉄道開業
	(10.17)商務部、外資企業によるオフショア人民元建て対中直接投資を正式に解禁
2012	(5.13)第5回日中韓サミット開催、日中韓投資協定調印、日中韓FTAの年内交渉開始に合意
	(10)中国共産党17期6中全会、「文化体制改革に関する中共中央の決定」採択
	(12.26)北京－広州間高速鉄道全線開通
2013	(3.1)国務院等、「収入分配制度改革の深化に関する若干の意見」発表
	(3.26)ソウルで日中韓FTA第1回交渉開催
	(11.12)中共中央18期3中全会、「改革の全面的深化に関する若干の重大問題についての決定」採択

出所：中国研究所『中国年鑑』各年版、日中経済協会『中国経済データハンドブック』各年版、孔麗編著『現代中国経済政策史年表』などより作成

付　録

付録2　「天津濱海新区の開発・開放の推進についての国務院の意見」

1. 天津濱海新区の開発・開放を推進する重大な意義

　天津濱海新区は塘沽区、漢沽区、大港区の三つの行政区と天津経済技術開発区、天津港保税区、天津港区及び東麗区、津南区の一部を含み、企画面積は2270km^{2}である。過去十数年間の開発と建設を経て、天津濱海新区は今や更なる発展に必要な条件と基礎を備えた。

　天津濱海新区の開発・開放は、京津冀（北京、天津、河北省）及び環渤海地域の国際競争力の向上に重要な意義を持っている。天津濱海新区は環渤海地域の中心部に位置し、広い内陸部を輻射しており、地理的優位が顕著である。また、新区はしっかりした産業基盤と巨大な発展潜在力を有する、我国が経済のグローバル化と区域経済の一体化に参与して行く重要な窓口の1つでもある。天津濱海新区の開発・開放を推し進め、この地域の発展を加速することは京津冀と環渤海地域の対外開放レベルを有効的にグレードアップし、又この地域が国際経済とよりよく融合し、潜在力を充分に発揮し、国際競争力を向上していく上で重要な意義を持っている。

　天津濱海新区の開発・開放は国の地域協調的な発展戦略の実施に重要な意義をもっている。過去十数年間の発展を経て、天津濱海新区の総合実力は大幅に増強し、サービス機能も更に整備され、深圳経済特区、上海浦東新区に続く中国区域経済成長の第3極となった。天津濱海新区の開発・開放は、東部地域を優先的に発展させ、またこれによって中西部特に「三北」（東北、華北、西北）の発展を牽引し、東中西部の相互作用、優勢の相互補足、相互促進、共同発展を図る国の地域協調発展メカニズムの形成に重要な意義を持っている。

　天津濱海新区の開発・開放は、新たな歴史段階における新たな区域

発展モデルの模索に重要な意義を持っている。経済のグローバル化と区域経済の一体化進展が加速化し、我国が富裕な社会と社会主義調和社会を全面的に建設していく新情勢の下、国際・国内情勢変化の特徴を把握し、新たな考え方と発展モデルで天津濱海新区の開発・開放を推し進めることは、科学的発展観を全面的に貫徹させ、人間と自然の調和を実現させ、新たな区域発展の道を開拓していく上で重要な意義を持っている。

2．天津濱海新区の開発・開放の推進についての指導思想と主要任務

　鄧小平理論と「3つの代表」重要思想の指導の下に、科学的発展観を全面的に貫徹させ、思想を更に解放し、改革開放を更に進ませ、優位な要素を更に生かし、引き続き高い起点と広い見地を保ち、科学技術革新と自主的革新に取り組み、新区特色のある発展を強調し、発展環境を改善させ、新しい考え方、新体制、新メカニズムで新区の総合能力、革新能力、サービス能力と国際競争力を向上させ、天津の発展を牽引し、京津冀と環渤海地域経済の振興に寄与し、東部、中部と西部の相互促進と全国経済の協調発展メカニズムの形成のために更なる役割を果たすべきである。

　天津濱海新区の開発・開放の推進に当たって以下の原則を把握すべきである。科学的発展観で経済社会発展の全局を指導する科学的発展の道を堅持すべきである。新区の特色のある発展を強調し、比較的優位を充分に発揮させるべきである。改革開放の推進及びこれの開発建設への促進を堅持すべきである。科学技術の革新と自主的創造を堅持し、革新能力の建設を強めるべきである。サービス機能の整備を堅持し、区域経済の発展を促進、牽引すべきである。土地使用の集約と節約を堅持し、土地が経済建設に与える指導とコントロール作用を発揮させるべきである。持続可能な発展を堅持し、環境に優しい資源節約型の新区を建設させるべきである。「人間本位」方針を堅持し、調和

的社会の建設と全面的発展を推進させるべきである。

　天津濱海新区の機能の位置付けは次のようである。即ち京津冀をベースに、環渤海地域に寄与し、「三北」を輻射し、北東アジアに向いてわが国北方の対外開放門戸、ハイレベルの現代化製造基地、研究開発の移転基地、北方国際航空運輸センターと国際物流センターの建設を目指し、新区が徐々に経済が繁栄し、社会が調和され、環境がよい住みやすい生態型海浜都市になることを目標とする。

　天津濱海新区の開発・開放の主要任務は次のようである。濱海新区が国の総合改革試験区と承認された歴史的チャンスをしっかりと把握し、新たな区域発展モデルを模索すると共に全国の改革事業に経験と模範を提供するべきである。新型工業化の道を歩み続け、自主革新能力の増強を中心とし、研究開発移転体系を更に完備させることによって技術の全体レベルと総合競争力を向上させる。地理位置、資源、産業などの面における総合優位性を充分に発揮して、インフラ施設の建設を加速化し、ハイテク産業と現代サービス業を積極的に発展させ、総合競争力と区域サービス能力の向上に努め、区域経済の牽引役を高める。

　企画を統合し、総合的に調整して、若干の鮮明な特色のある機能区を建設して、合理的な空間配置を構築する。また、用水の節約、土地の集約、エネルギー消耗の低減のため、有力な対策を取り、単位面積毎の投資強度と産出効率の向上に努める。環境を総合的に管理して、生態バランスを取り、循環（リサイクル）経済を大きく発展させることによって、人間と自然、経済社会と生態環境の調和・共存に努める。管理の革新を推し進め、統一、協調、簡素、効率、清廉の管理体制を構築する。

3．総合改革試験区の模範と牽引の役割を切実に発揮させるべきである。

　この度、天津濱海新区は全国総合改革試験区として批准された。新

区は党中央と国務院の部署に基づき、また濱海新区の実際状況から出発して、まず一部の重大な改革開放措置を率先して試験する。重点の突破と総体の革新の結合、経済システムの改革とほかの改革の結合、現地の実際問題と発展中直面する共通の問題の結合を堅持することによって改革の領域を拡大させるべきである。また、総合整備改革を通じて天津濱海新区の開発開放を推進させるべきである。当面、濱海新区の開発・開放の重点は次のようにする。

　第1に、天津濱海新区の金融改革と革新を図る。金融企業、金融業務、金融市場と金融開放等の面での重大な改革は、原則的に天津濱海新区で先行試行すること。濱海新区は産業投資基金、創業ベンチャー投資、金融業総合経営、多種所有制の金融企業、外貨管理政策、オフショア金融業務等の面において改革の試験を行うこと。

　第2に、土地利用構造の最適化と土地管理方式の革新等を含む天津濱海新区の土地管理改革を支える。また、濱海新区は農村集団建設用地の回転及び土地収益の配分を行い、土地供給コントロール能力等に関する改革試験を強化することができる。

　第3に、天津濱海新区の更なる開放を推進し、天津東疆保税港区を設立する。国は天津港東疆港区に保税港区を建設する計画で、国際中継、国際配送、国際仕入、国際中継貿易と輸出加工等の業務を重点的に発展させ、税関特殊監督管理区域の管理制度の革新を積極的に模索していく。

　第4に、国は天津濱海新区に一定の財政税収の優遇政策を与えるが、具体的には次のようである。①天津濱海新区の規定された管轄範囲内に位置し、且つ条件に符合するハイテク企業に対し、15％の税率によって企業所得税を徴収する。②東北等の旧工業基地の所得税優遇政策を参考にし、天津濱海新区の内資企業に賃金課税基準を引き上げる優遇政策を与えるほか、企業の固定資産と無形資産に減価償却を加速する優遇政策を実施する。③中央財政は現行の財政体制を維持する上で、一定時期内に天津濱海新区の開発建設に専用補助金を与える。

4．天津濱海新区の開発・開放を推進するための各業務を真面目に執行すべきである

　天津濱海新区の開発・開放は、天津の自主的建設と区域協力の増強を中心に推進し、国務院の関連部門も有力な措置を採取してその支援を行うべきである。関連部門は、天津濱海新区の開発開放の推進に対するマクロ的指導と調整を強め、必要な協調・協力メカニズムを研究、建設しなければならない。天津市人民政府は、天津濱海新区開発・開放事業の長期性と困難性を充分に認識し、優位と挑戦を全面的に分析し、真剣な計画、周密な部署と協力によって天津濱海新区の開発・開放の順調な進展を推進し、区域の調和的発展のため更に有効なサービスを提供しなければならない。

　関連問題の研究を深め、総合改革試験区の全体方案と金融、土地改革等の専門方案を具体化させ、関連プロセスに従って批准を得た上、実施する。国務院の関連部門は本『意見』の精神を真剣に貫徹し、天津濱海新区の実際状況に合わせて、いち早く具体的な政策を打ち出さなければならない。天津濱海新区の開発・開放を推進する途上現れてくる新しい問題について積極的に研究・解決すると共に相応対策を提出しなければならない。

　天津濱海新区の開発開放の推進は、中国共産党第16期5中全会の精神と国民経済社会発展の『第11次5カ年計画』方針を貫徹・実施する重大な施策であり、国の「区域協調発展戦略」を実施する重要な措置であり、諸方面に関わる「系統工程」である。各関連部門は「全体の思想」を樹立し、認識を統一し、同心極力し、積極的に革新し、着実に進めることによって天津濱海新区開発・開放の新たな局面を迎えるために努力すべきである。

　国務院2006年5月26日（国発〔2006〕20号）
　出所：天津経済開発区ホームページ日本語版http://jp.investteda.org

※訳文一部補正

付録3　第12次5カ年計画(2011-15年)の概要

第1編　方式転換　科学的発展の新局面の創出

　第12次5カ年計画（12・5計画）期は小康社会の全面的建設、改革開放の深化、経済成長パターンの転換加速の重要な時期。

第1章　発展環境

　第11次5カ年計画期間中、中国の総合的国力は大きく上昇、2010年にGDP規模で世界第2位に。12・5計画期は、国際的には多極化・グローバル化が進む一方、国際市場での競争激化や保護主義の台頭等外部環境が変化、国内的には経済発展の一方、それに伴う資源環境問題等発展過程における矛盾が生じる。

第2章　指導思想

　今後5年間の科学的発展の進歩と経済成長パターン転換の実質的進展を保障。

第3章　主要目標

　国際金融危機への対応と2020年小康社会建設実現に向け、今後5年間の経済社会発展の主要目標を設定。GDP年平均成長率7％、GDP単位当たりエネルギー消費16％削減等。

第4章　政策誘導

　マクロコントロール強化、消費拡大、投資構造最適化、工業化・都市化・農業現代化の同時推進、科学技術イノベーションと産業レベルアップ、地域協調発展、省エネ・排出削減等。

第2編　強農恵農　社会主義新農村建設の加速

　工業化、都市化の発展と農業現代化の推進。

第5章　現代農業の発展加速

　食糧安全保障能力の強化（食糧播種面積の安定、単位収穫量・品質の向上等）、農業構造の戦略的調整（高生産、高品質、高効率、生態、安全な現代

農業体系)、農業の科学技術イノベーション（農業技術集約化、機械化、情報化）、農業社会化サービス体系。

第6章　農民増収ルートの開拓

家庭経営収入の向上、賃金性収入の増加、移転性収入の増加。

第7章　農村の生産・生活条件の改善

郷鎮村庄計画管理水準の向上、農村インフラ建設強化、農村公共サービス強化、農村環境総合整備。

第8章　農村発展体制メカニズムの完全化

農村の基本経営制度維持管理、健全な都市発展一体化制度工事、県域経済発展活力強化。

第3編　改編高度化　産業核心競争力の向上

中国特色のある新型工業化、市場ニーズと科学技術に基づく産業構造の最適化。クリーナープロダクション、安全生産、高付加価値、高就業能力の現代産業体系の発展。

第9章　製造業の改造・高度化

重点産業構造調整の推進、産業配置の最適化、技術改造の強化、企業合併再編の指導、中小企業発展の促進。

第10章　戦略的新興産業の育成・発展

重点領域の広域発展の推進、産業創新発展工程の実施、政策支持と指導の強化。

戦略的新興産業：環境保護産業、次世代 IT 産業、バイオ産業、先端設備製造業、新エネルギー産業、新素材産業、新エネルギー自動車産業。

第11章　エネルギー生産と利用方式の変革の推進

エネルギー多元化推進、エネルギー開発配置最適化、エネルギー輸送ライン建設強化。

第12章　総合的交通運輸体系の構築

区間交通ネットの整備、都市間快速交通ネットの建設、公共交通の

付　録

優先発展、運輸サービス水準の向上。
第13章　情報化水準の全面的向上
次世代情報インフラ構築、経済社会情報化加速、ネットワークと情報の安全保障強化。
第14章　海洋経済発展の推進
海洋産業構造の最適化、海洋総合管理の強化。

第4編　環境整備　サービス業の大々的な発展の推進
サービス業の大々的発展推進を産業構造最適化の戦略重点に。サービス業発展のための政策・制度環境を整備。新領域の開拓、新業態の発展、サービス業の規模化、ブランド化、ネットワーク経営を推進。サービス業の比率とレベルの継続的向上。
第15章　生産向けサービス業の加速発展
秩序ある金融サービス業の発展、近代的物流業の大いなる発展、ハイテクサービス業の育成、ビジネスサービス業高度化の規範化。
第16章　生活向けサービス業の大いなる発展
商業サービス業の最適な発展、旅行業の積極的な発展、家事サービス業の発展を奨励、スポーツ事業とスポーツ産業の全面的発展。
第17章　サービス業発展に有利な環境の整備
サービス領域の改革推進の加速、サービス業政策の整備。

第5編　配置の最適化　地域の協調的発展と都市化の健全な発展促進
地域発展総合戦略と主体機能区戦略の実施、特色ある都市化の健全な発展の促進。
第18章　地域発展総合戦略の実施
新たな西部大開発（重慶・成都・西安の地域戦略協力、広西北部湾等の経済区発展等）、東北地区等旧工業基地の全面的振興（遼寧沿海経済ベルト、長吉図経済区等）、中部地区振興（武漢都市圏・環長株潭都市群等）、東部地区の率先発展（京津冀・長江デルタ・珠江デルタの地域経済一体化等）、旧革

命区・民族地区・辺境地区・貧困地区に対する支援拡大。

第19章　主体機能区戦略の実施

国土空間開発配置の最適化、分類管理を実施する地域政策（中央財政による農産物主産区・重点生態機能区への移転支出の拡大等）、重点に応じた実績効果評価の実行、健全な連携調和メカニズムの構築。

第20章　積極的かつ安定した都市化推進

都市化戦略配置構築、都市住民への農業人口移転の推進、都市の総合的許容力増強。

第6編　緑色発展　資源節約型・環境配慮型社会の建設

緑色・低炭素発展の理念構築、省エネ・汚染排出削減を重点にインセンティブ・規制メカニズムを構築、資源節約・環境配慮型の生産パターンと消費モデル構築、持続可能な発展能力・生態文明レベルの向上。

第21章　地球気候変動への積極的対応

温室効果ガスの排出規制（産業構造・エネルギー構造調整、省エネとエネルギー効率向上等）、気候変動適応能力の増強（気候変動適応総合戦略制定等）、国際協力の広範な展開。

第22章　省資源管理の強化

節約優先戦略と資源利用総量規制の実施、供給・需給の双方向の調節、差別化管理の実行によるエネルギー資源利用効率の向上。省エネ・資源消費低減の大々的推進（エネルギー多消費産業の過度の成長抑制、工業・建築・交通・公共機構等の分野の省エネ強化等）、水資源節約の強化（厳格な水資源管理制度の実行、用水総量規制と定量管理の強化等）、土地利用の集約・節約、鉱産資源の探査・保護・合理的開発の強化。

第23章　循環経済の大々的発展

リデュース、リユース、リサイクルの原則に基づくリデュース優先、生産・流通・消費の各プロセスでの循環経済の発展、社会全体をカバーする資源循環利用体系の構築。循環型生産方式の推進（クリーナープ

ロダクション等)、資源循環利用回収体系の健全化（再生資源回収体系の改善等)、緑色消費モデルの推進、政策・技術サポートの強化。

第24章　環境保護の取り組み強化

飲料水の安全問題、大気・土壌の汚染等環境問題の解決を重点に総合対策を強化。汚染物質の排出削減と対策の強化（主要汚染物質の排出総量規制等)、環境リスクの予防（重金属汚染の総合対策の強化等)、環境監督管理の強化（法律・法規・基準体系の健全化等)。

第25章　生態系の保護・修復の促進

保護の優先と自然修復の主体化による源泉からの生態環境悪化傾向の転換。生態安全防護壁の構築、生態保護・対策の強化、生態補償メカニズムの構築。

第26章　水利・防災・減災体系構築の強化

給水保障能力の向上、洪水防護能力の増強、山崩れ・地質災害・天災・震災の防止強化。

第7編　創造駆動　科学教育立国戦略と人材強国戦略の実施

国家中長期科学技術・教育・人材計画要綱の全面実施。イノベーション能力の向上、教育改革加速。

第27章　科学技術創造能力の増強

重要科学技術突破の推進、企業を主体とする技術創造システムの構築を加速、科学技術インフラ建設の強化、科学技術創造支援政策の強化。

第28章　教育改革発展の加速

各種教育の統一発展、公平教育の促進、資質教育の全面的実施、教育体制改革の深化。

第29章　広大な高資質人材陣の育成

創出型科学技術人材の育成、各類人材陣の協調発展の促進、優秀人材排出の環境の建設。

第8編　民生改善　健全な基本公共サービスシステムの確立

民生の優先、雇用改善、所得分配、社会保障、医療衛生、住宅等の民生に関る制度の保障・改善。基本公共サービスの平準化、発展成果の全国民への波及。

第30章　基本公共サービス水準の向上

健全な基本公共サービスシステムの確立、公共サービス供給方式の創造。

第31章　就業優先戦略の実施

更に積極的な就業政策の実施、公共就業サービスの強化、調和のとれた労働関係の構築。

第32章　収入分配関係の合理的調整

賃金制度改革の深化、資本・技術・管理等要素関与分配制度の健全化、再分配調節メカニズム完全化の加速、収入分配秩序の整理と規範化。

第33章　都市・農村住民の社会保障システムの健全なカバー

社会保険制度完全化の加速、社会救助システム建設の強化、社会福祉と慈善事業の積極的な発展。

第34章　基本医療衛生制度の完全化

公共衛生サービスシステム建設の強化、都市・農村医療サービスシステム建設の強化、医療保障システムの健全化、薬品供給保障システムの完全化、公立病院改革の積極的確実な推進、漢方薬事業発展を支援。

第35章　住宅保障水準の向上

住宅供給システムの健全化、保障性住宅供給の拡大、不動産市場コントロールの改善。

第36章　人口事業の全面的な実行

計画出産サービスの強化、婦人の全面的発展の促進、児童の優先発展の保障、人口老齢化への積極的な対応、身体障害者事業発展の加速。

第9編　症状・根本治療　社会管理の強化・創造

社会管理体制メカニズムの刷新、社会管理能力建設の強化、健全な中国の特色ある社会主義社会管理システムの設立。社会の活力とともに調和安定を確保。

第37章　社会管理体制の刷新
社会管理体制の健全化、社会管理メカニズムの刷新。

第38章　都市・農村のコミュニティの自治とサービス機能の強化
コミュニティ管理構造の整備、コミュニティ管理とサービスプラットフォームの構築。

第39章　社会組織建設の強化
社会組織の発展（政府部門の社会組織への機能移転）、社会組織の監督・管理強化。

第40章　民衆の権利・利益保護メカニズムの完全化
社会状況・民意伝達のルート開拓、社会矛盾調停体系の整備。

第41章　公共安全体系建設の強化
食品・薬品安全の保障、安全生産管理の厳格化（労働事故死亡率の低減等）、突発事故応急体系の健全化、社会治安管理体系の整備。

第10編　継承創造　文化の大発展と繁栄の推進

社会主義の先進的文化の前進方向を堅持、文化事業と文化産業を発展、民族の凝集力と創造力を増強。

第42章　全民族の文明的素養の向上
社会主義の核心的価値体系の構築、民衆的精神文明創設活動の展開、良好な社会文化環境の創成。

第43章　文化刷新の推進
文化の内容・形式の刷新（著作権法政策体系の整備等）、文化体制メカニズム改革の深化。

第44章　文化事業と文化産業の繁栄・発展

文化事業の発展強化、文化産業の発展加速（文化産業の支柱的産業化の推進等）。

第11編　改革攻略　社会主義市場経済体制の完全化

経済体制改革強化、政治体制改革穏当、文化体制・社会体制改革加速。

第45章　基本的経済制度の維持と完全化

国有企業改革の深化（独占業種の改革、効果的競争市場の構築）、国有資産管理体制の整備、非公有制経済発展の支援と導入。

第46章　行政体制改革の推進

政府機能の転換加速、科学・民主的政策決定メカニズムの整備、政府業績管理と行政問責制度の普及、事業体分類改革の推進。

第47章　財政・税金体制改革の加速

財政体制改革の深化、予算管理制度の整備、租税制度の改革と整備。

第48章　金融体制改革の深化

金融機関改革の深化、多層的金融市場体系の建設（各種金融市場の創設・発展等）、金融調整管理メカニズムの整備（通貨政策の健全化等）、金融監督管理の強化。

第49章　資源製品価格と環境保護費用徴収に係る改革の深化

資源製品価格の形成メカニズムの整備（水・電力価格改革、石油製品価格の市場化、資源税等）、環境保護費用徴収制度の改革（汚染者費用負担制度等）、資源・環境産権の取引メカニズム構築（鉱業権・排出権の有償取引制度等）。

第12編　相互利益　対外開放水準の向上

輸入と輸出、外資誘致と対外投資の新たな情勢に適応する積極的な開放戦略の実施。

第50章　地域開放構造の完全化

開放拡大と地域協調的発展との結合、優位性ある相互補完・分業協

力・均衡協調の地域開放構造の形成。沿海開放の深化（沿海地域の開放型経済発展のレベルアップ等）、内陸開放の拡大（国際産業と沿海産業の移転受け入れ等）、国境地域の開放加速（辺境都市、辺境経済協力区と重点開発開放試験区の建設等）。

第51章　対外貿易構造の最適化

外部需要の安定的拡大展開、貿易の発展方式の転換（規模拡張から質的向上へ、コスト優位から総合競争優位へ）。新たな輸出競争の優位性の育成（技術、ブランド、品質、サービス等）、輸入の総合的効果の向上（輸入構造の最適化等）、サービス貿易の発展（サービス業の対外開放の拡大等）。

第52章　「国内誘致」と「海外進出」の計画的手配

「国内誘致」と「海外進出」との結合、外資利用と対外投資を強化、2つの市場と2種類の資源の効率的利用。外資利用のレベルアップ（構造の最適化、中西部投資奨励等）、「海外進出」戦略の実施（海外での投資・協力展開の奨励等）。

第53章　グローバル経済管理と地域協力への積極的参画

第13編　民主発展　社会主義政治文明建設の推進
第54章　社会主義民主政治の発展
第55章　法制建設の全面的推進
第56章　腐敗反対・廉政提唱の強化

第14編　協力深化　中華民族共同のホームランドの建設
第57章　香港・マカオの長期繁栄と安定の維持

香港・マカオによる競争優位性レベルアップの支援、香港・マカオによる新興産業の育成支援、内地と香港・マカオとの経済協力の深化。

第58章　両岸関係の平和的発展と祖国統一の大事業の推進

両岸経済協力メカニズム構築、両岸経済協力の全面的深化、海峡西岸経済区建設支援。

第15編　軍民融合　国防と軍隊現代建設の強化
　第59章　国防と軍隊現代建設の強化
　第60章　軍民融合式発展の推進

第16編　実施強化　偉大なる発展の青写真の実現
　第61章　計画実施と評価メカニズムの完全化
　第62章　計画調整管理の強化

出所：日中経済協会『中国経済データハンドブック』2013年版。

付　録

付録4　「中国(上海)自由貿易試験区総体方案」

1．全体要求

　自由貿易試験区は、中国が新しい時期に、政府機能の転換を加速し、管理モデルの革新を積極的に探索し、貿易と投資の便利化を促進し、改革の全面的な深化と開放の拡大に新しい道筋を探索し、新しい経験を積んでいく国家戦略にとって必要なものである。

(1) 指導思想

　中国の特色のある社会主義の偉大な旗を高く掲げ、鄧小平理論、「3つの代表」重要思想、科学発展観を指導思想にし、国家戦略を中心課題とし、思想をさらに解放し、先行先試(いち早く試行のこと)を堅持し、開放によって改革と発展を促進し、国際化と法治化の要求に符合する国境を越えた投資と貿易の規則体系をいち早く作り上げ、試験区を中国経済のグローバル化に融合する重要なキャリアに成させ、中国経済のバージョンアップ版を作り上げ、中華民族の偉大なる復興という「中国夢」の実現に貢献する。

(2) 全体目標

　2～3年間をかけて改革をテストすることによって、政府機能の転換を加速化し、サービス業の開放の拡大と外資投資管理体制の改革を積極的に推進し、地域本部経済と新型貿易の業態を大いに発展させ、資本項目のエクスチェンジの可能と金融サービス業の全面的な開放を探索することを加速し、貨物状態の分類管理モデルを立上げ、投資とイノベーションの政策的な促進体制の形成に向けて努力し、国際化と法治化のビジネス環境の育成に力をいれ、国際レベルの便利な投資貿易の環境、通貨交換の自由化、高い効率と利便性、規範な法制環境を

193

持つ自由貿易試験区を作りあげて、我が国の開放拡大と改革深化の新しい考えと新しい道筋を探索し、全国により良いサービスを提供する。

（3）実施範囲

　自由貿易試験区の範囲は、上海外高橋保税区、上海外高橋保税物流園区、洋山保税港区と上海浦東空港総合保税区など4つの税関特別監督管理区域を含む。先行先試の推進事情や産業発展と先導のニーズに従って、実施範囲と試行政策の範囲を徐々に拡大し、上海の国際経済、金融、貿易、港運センターの建設との連動メカニズムを形成する。

2．主要任務と措置

　世界に向け、全国にサービスする戦略と上海市の「4つのセンター」を建設する戦略任務をめぐって、先行先試、リスクコントロール可能、段階的に推進、逐次完備する進展方式に従って、開放拡大と体制改革を結合し、機能育成と政策のイノベーションを結合することにより、国際投資、貿易通行規則と繋ぐ基本制度を形成する。

（1）政府機能の転換を加速する

　行政管理体制の改革を深める政府職能の転換を加速し、行政管理方式を革新し、国際化と法治化の要求に基づいて、国際的に高い基準の投資と貿易規則にふさわしい行政管理システムを積極的に研究し、行政管理方法を事前の許認可から手続き進行中、実行後の監督管理にシフトさせる。1つの窓口で受付、総合審査と効率的な作業のサービスモデルを作る。情報のネットワークプラットホームを完備し、各々の部門の協同管理制度を実現する。業種の情報追跡、管理と収集の統合評価制度を作り上げ、試験区内の企業が域外での経営活動の全プロセスの追跡、管理と監督を強化する。集中的統一的な市場管理の総合法執行システムを作って、品質技術の監督、食品薬品の監督管理、知的財産権、工商、税務などの管理分野について効率的な管理を実現する

とともに、社会の力が市場管理に参加することを積極的に促す。行政の透明度を高め、投資者が参加し、国際規則に符合する情報公開の制度を完備する。投資者権益の有効な保障制度を完備し、各種の投資主体の公平的な競争を実現し、条件に合致する外国投資者がその投資収益を自由に送金することを許可する。知的財産権紛争の調停、援助などの解決制度を作る。

（2）投資分野の開放を拡大する

1）サービス業の開放を拡大する

金融サービス、港運サービス、ビジネスサービス、専門サービス、文化サービス及び社会サービス分野を対象にして開放を拡大する。投資家の資格要求、持ち株の比率、経営範囲の制限などの規制措置を取り消し（銀行業機構、情報通信サービスを除く）、各種投資家が参入しやすい公平な環境づくりを図る。

2）ネガティブリストの管理方法を研究する

国際通行の規則を参照して、外商投資について実施前にも国民待遇を実行する。試験区に外商投資について国民待遇に合致しない「ネガティブリスト」（負面清単）を研究し、作成することによって、外商投資の管理モデルを改革する。「ネガティブリスト」以外の分野について、内外資一致の原則を基に、外資の投資項目の審査許認可制から届出登録制に変更し（国務院に決められた対国内の投資項目に許認可制を保留する分野を除く）、上海市が責任を持って処理する。外商投資企業の契約と定款の審査許認可制を上海市によって届出登録に変更し、届出登録の後に国家の関係規定に従って関連の手続きをする。工商登記が商事登記制度の改革と連携して、登記のプロセスを徐々に改善する。国家安全審査制度を完備化し、試験区内で外資関与の国家安全審査を行い、安全且つ高い効率の開放型経済メカニズムを構築する。試験の経験をまとめる上で国際慣習に合致する外商投資の管理制度を徐々に形成する。

3）対外投資のサービスの促進システムを構築する

　海外投資の管理方式を改革し、海外への投資企業に対して、届出登録制を主とする管理方式を実行する。海外投資の一般項目について、上海市により届出登録の管理を担当して、海外投資の利便化を向上する。投資サービスの促進制度を革新して、海外投資の実行後の管理とサービスを強化し、数個部門の情報共有のモニタリングプラットホームを作り、対外直接投資の統計と年次検査をよく実施する。試験区で海外への持ち株投資を専門に従事する投資サービス専門会社の設立を支援し、条件のある投資者が海外で持ち株投資のマザーファンドを設立することを支援する。

（3）貿易発展方式の変換を促進する

　1）貿易の構造転換とグレートアップを促進する

　貿易の新しい業態と機能を積極的に育成して、技術、ブランド、品質、サービスを中核とする対外貿易の新しい競争優位性を形成し、我が国のグローバル貿易バリューチェーンにおける地位の向上を加速する。多国籍企業のアジア・太平洋地域本部の設立を奨励し、貿易、物流、決算などの機能を整合する運営センターの建設を支援する。国際貿易決算センターの試行を深めて、専門アカウントのサービス貿易の多国間支払いと融資機能を展開する。試験区内の企業のオフショア業務の発展を支援する。企業が国際＆国内貿易を統合し、国内取引と国際貿易の一体化発展を実現することを支援する。試験区内で国際大口商品取引と資源配置のプラットフォームを設けて、エネルギー商品、基本工業原料と大口農産品の国際貿易を行うことをテストする。先物取引の保税デリバリーの試行を拡大し、完備化して、倉庫シートのプレッジでの融資などの機能を展開する。対外文化貿易拠点の整備を加速させる。バイオ医薬、ソフトウェア、管理コンサルティング、データサービスなどのアウトソーシング業務の発展を推進する。各種の融資リース会社が試験区内で国内外でのリースサービスを行うことを許

可し、支援する。サードパーティ検査認証機構の設立を奨励し、国際基準に従ってその検査結果を認める。国内外でのハイテク技術、高付加価値のメンテナンス業務を試行する。クロスボーダー電子商ビジネスサービス機能の育成を加速し、これに相応する税関管理、検疫検査、税還付、クロスボーダー決済、物流などのサポート業務を試行する。

　2）国際港運センターのサービスレベルを向上させる

　外高橋港、洋山深水港、浦東空港の国際ハブ港の連動機能を積極的に発揮し、国際競争力のある港運発展制度と運営モデルを研究する。港運金融、国際船舶輸送、国際船舶管理、国際港運マネージメントなどの産業を発展させる。港運運賃指数の関連取引の業務の発展を加速する。コンテナのトランジット業務を発展し、中国資本が所有し、或は持ち株する「非五星旗船」（Non Five-star Flag）が貿易輸出入のコンテナを国内沿海部の港と上海港の間での沿海航路に付随的に運ぶ業務の試行を許可する。浦東空港が国際トランジット便を増やすことを支援する。上海の地域立地のメリットを十分に発揮し、中国資本の「便利旗」船舶税の優遇策を利用して、条件に符合する船舶の上海を母港にする船籍登記を促進する。天津で試行された国際船舶登記政策を実行する。国際船舶の運輸許可書の登記のプロセスを簡略化して、高効率の船舶登記制度を形成する。

（4）金融分野の開放とイノベーションを深める

　1）金融制度のイノベーションを加速する

　リスクコントロールが可能との前提で、試験区内で対人民元資本項目が為替両替、金融市場金利レートの市場化、人民元のクロスボーダー使用などの面で条件を作って先行し、試行することができる。試験区内で、金融機構の資本側の価格を市場化により定めることを実現する。国際向けの外貨管理の改革試行を研究し、自由貿易試験区に相応しい外貨管理制度を設けて、貿易と投資の利便化を全面的に実現する。企業支援によって、企業が国内外の2つの資源、2つの市場を十分に

利用して、クロスボーダー融資自由化を実現する。外債管理方法の改革を深め、クロスボーダー融資の利便化を促進する。多国籍企業の企業本部の外貨資金を集中的に運営し、管理を執行して、多国籍企業が区域性の地域本部、或はグローバル資金管理センターの設立を促進する。試験区の金融の改革とイノベーションが上海国際金融センター整備との連動体制を設ける。

　2）金融サービス機能を強める

　金融サービス業が合致する条件で民営資本と外資系融資機構に全面的に開放し、試験区内で外資系銀行や中外合資銀行の開設を支援する。試験区内の国際取引プラットフォームの建設を許可する。外資系企業の先物市場参入を開放し、金融市場商品の革新を奨励する。持株権の依頼取引機構の総合性金融サービスプラットフォームの開設をサポートする。海外企業に商品先物取引への参加を徐々に許可する。金融商品のイノベーションを奨励する。株権利受託管理機構が試験区内で総合金融サービスのプラットフォームを設けることを支援する。人民元の海外での再保険業務をサポートし、再保険市場の発展を促進する。

（5）法制分野の制度保障を完備する

　試験区の発展にふさわしい投資と貿易の高い基準の規則を作る。試行の内容について、関係の行政法規と国務院文書にある一部の規定の実施を停止する必要がある場合は、既存のプロセスに従って実行する。うち、全国人民代表大会常務委員会の授権によって、《中華人民共和国外資企業法》、《中華人民共和国中外合資経営企業法》と《中華人民共和国中外合作経営企業法》に規定される関係行政許認可を一時調整し、2013年10月1日より3年間以内に試行する。各部門が試験区内でのサービスの開放拡大を支援すべき、許認可前の国民待遇と「ネガティブリスト」管理などの面で改革の試行を深め、試行中の制度上の問題を適時に解決する。上海市は地方法規の立法を通して、試行の要求に相応しい試験区の管理制度を作らなければならない。

3．監督管理や税制の環境を作る

　高い国際基準の投資と貿易のサービス制度を作る需要に従い、管理モデルを革新し、試験区内の貨物、サービスなど各種の要素の自由流通を促進し、サービス業開放の拡大と貨物貿易の発展を促進し、公開、透明な管理制度を形成する。同時に、現行の税制の公平、統一、規範を維持するとともに、機能育成を中心に関連政策を完備する。

(1) 監督管理サービスモデルのイノベーション

　1）「一線オープン」の実施を推進する

　企業が輸入マニフェストを持って貨物をそのまま試験区内に持込むことができ、あとで輸入貨物届出登録リストを持って主管の税関に申告すればよい。輸出入手続きのと届出登録リストの簡素化を行い、国際トランジット、コンテナの詰替えと配布などの業務の輸出入手続きを簡略化する。「入国検疫、輸出入検査を適切に緩和する」というやり方を実施し、管理監督の技術と方法を革新する。比較的に独立的な貿易利便化を目的とする貨物貿易区域とサービス分野の開放拡大と目的とするサービス貿易区域の構築を研究する。有効な管理を確保する前提で、貨物の状態分類の管理方法を作ることを探索する。機能展開を深めて、輸出入の税制を厳守する上に特定地域で保税展示取引プラットフォームを設置することができる。

　2）「二線の安全且つ高効率管理」の実施を徹底する

　自由貿易試験区と国内の出入口での管理を改善し、電子情報のネットワークを強化し、輸出入リストの対照、帳簿管理、税関出入口の実物確認、リスク分析などを通して管理を強化することで、二線管理の方式と一線管理をジョイントして、「進出便利、品質安全リスクを厳しく防ぐ」という検疫検査の管理方法を実行する。電子データの管理を強化し、試験区内の貨物が各々の税関特殊監督管理区域の間に、または税関管轄区域を跨る流通の利便化を促進する。試験区内の企業は、

原則的に地域の制限がなく、自由に区外で再投資や業務展開することができる。専門の規定があり、関係手続きを要求される場合は、専門の規定に従って手続きをすること。企業運営の情報と監督管理システムの接続を促進する。リスクコントロール、サードパーティによる管理、保証金要求などの方法を通して有効な管理を実行する。上海市の信用システムの効用を発揮して企業のビジネスクレジット管理と経営活動の専門管理制度をの確立を急ぐ。

3）監督管理能力をさらに強化する

国家安全と市場公平な競争の確実的な維持を原則として、各国家機関の上海市政府との協力を強化し、経済社会の安全を維持するサービス保障能力を高める。試験区は国務院の関係部門に協力して経営者の集中的なダンピング審査を厳格に実施する。税関、品質検査、工商、税務、外貨などの管理部門の協力を強化する。一体化の監督管理モデルの改善を加速し、統一的効率的な税関の監視管理機構の設立を推進する。試験区の統一電子フェンス管理を研究し、リスクコントロールの可能な税関の監督管理制度を作る。

(2) 試験区関連の税収政策を模索する

1）投資促進の税制を実施する

試験区に登録する企業や個人株主が、非貨幣性資産で対外投資などの資産再編行為によって発生する資産の付加価値部分について、5年期限のうちに、分割して所得税を納付することができる。試験区内の企業が持ち株、或は出資比率などの持分の形式で企業の高級人材と必要人材に奨励することについて、中関村などの地区で試行された持分インセンティブ、個人所得税分割納税政策を実行する。

2）貿易促進の税制を実施する

試験区で登録した融資リース企業や金融リース企業が試験区内で設立した支社を対象として、融資リースの輸出税還付の試行範囲に納入する。試験区で登録した国内のリース会社、或はリース企業が設立し

た支社について、国家関係機関の許可があれば、荷重が25トン以上、且つ国内航空会社にリースする航空機に対し、輸入段階の増値税の優遇政策を受けられる。試験区内に設立した企業が国内向けの商品の生産、加工、且つ「二線」を経由して国内に販売する貨物に対して、法律に基づいて輸入段階の増値税、消費税を徴収する。企業申請により、この国内に販売する製品において、関係輸入資材や部品、或は実際の申告状態によって関税を徴収する政策を試行する。現行の政策の枠組みの下で、試験区内の生産企業と生産性サービス企業などの企業の必要な機械や設備の輸入に対して免税する。但し、生活性のサービス企業が輸入する貨物、及び法律、行政法規と関係規定に規定された免税不可の貨物を除外とする。出発港の税還付に施行政策を完備化し出発港、運輸会社と運輸手段などの試行範囲の拡大を適時に研究する。

　税制改革の方向と国際慣習に符合し、及び利益のシフトや税金侵害にならないことを前提条件として、国外持分投資やオフショア業務に適応した税収政策を適時に研究する。

4．着実に関連政策を実施

　国務院が試験区の工作の指導と協調を統括する。上海市が工作を着実に実施し、関連制度を完備化し、責任をもって《総体方案》に定められる目標定位と先行試行の任務を実行し、「条件の整ったことから先に実行し、徐々に完全化していく」という要求のもとで、実施可能な具体的企画を作り、実施を急ぐ。また、推進中に新しい状況について真剣に研究し、問題をうまく解決する。重大な問題について直ちに国務院に報告し、指示を求められなければならない。各関係部門が力を入れて支援し、積極的に協力と指導評価などの工作を行い、協同で関連体制や政策のイノベーションを推進し、試験区をより良く建設し、管理する。

　　出所：上海浦東新区ホームページ日本語版http://japanese.pudong.gov.cn

※訳文一部補正

付録5　中国共産党18期3中全会
「改革の全面的深化に関する若干の重大問題についての決定」(要旨)

1．改革の全面的深化の重大な意義と指導思想
（1）改革開放は、党が新たな時代の下で全国各民族の国民を率いて行った新しく偉大な革命であり、現代中国の最も際立つ特色である。

（2）改革の全面的深化にあたっては、中国の特色ある社会主義という偉大な旗幟を高く掲げ、マルクス・レーニン主義、毛沢東思想、鄧小平理論、「三つの代表」という重要思想、科学的発展観を指導の柱としなければならない。

（3）改革の全面的深化にあたっては、中国が長期的に社会主義の初期段階にあるという最大の現実に立脚し、発展は依然として中国のあらゆる問題を解決するための要であるという重大な戦略的判断を堅持し、経済建設を中心とし、経済体制改革の牽引の役割を発揮させ、生産関係と生産力、上部構造と経済的土台との相互適応を推進し、経済社会の持続的で健全な発展を推進しなければならない。

（4）改革開放の実践の成功は、改革の全面的深化に重要な経験を与えるものであり、長期的に堅持すべきものである。

2．基本的な経済制度の堅持・改善
　公有制を主体とし、さまざまな所有形態の経済が共同で発展するという基本的な経済制度、中国の特色ある社会主義制度の重要な柱であり、社会主義市場経済体制の根幹でもある。

（5）財産権の保護制度を完備する。

（6）混合所有制経済を積極的に発展させる。

（7）国有企業の近代的企業制度の完備を推進する。
（8）非公有制経済の健全な発展を支援する。

3．近代的な市場体系の完備を加速

　統一的・開放的で秩序ある競争の行われる市場体系を建設することは、資源配置における決定的役割を市場に果たさせるための土台である。
（9）公平、開放的、透明な市場ルールを打ち立てる。
（10）市場が中心となった価格決定の仕組みを整備する。
（11）都市と農村の統一的な建設用地市場を構築する。
（12）金融市場体系を完備する。
（13）科学技術体制改革を深化させる。

4．政府の職能転換を加速

　科学的なマクロ調整と政府による効果的な統治は、社会主義市場経済体制の強みを発揮するための内在的な要求である。
（14）マクロ調整体系を整備する。
（15）政府の役割を全面的かつ正確に果たす。
（16）政府の組織構造を改善する。

5．財政・税務体制改革を深化

　財政は国家統治の土台であり、重要な柱でもあり、科学的な財政・税務体制は、資源配置の最適化や市場の統一性の維持、社会的な公平の促進、国家の長期的安定の実現のための制度的保障である。
（17）予算管理制度を改善する。
（18）税収制度を改善する。
（19）権限と支出の責任とが相互に見合った制度を構築する。

6．都市と農村の発展の一体化に向けた体制・仕組みを整備

　都市と農村との二元構造は、都市と農村の発展の一体化を制約する主な障害である。体制・メカニズムを整備し、工業が農業を促進し、都市が農村の発展を導き、工業と農業が互いに利益を与え合い、都市と農村とが一体となった新たな工業・農業・都市・農村の関係を形成し、広大な農民による近代化プロセスへの参加を実現し、近代化の成果をともに享受する必要がある。

（20）新型農業経営体系の構築を加速する。
（21）農民により多くの財産権を与える。
（22）都市と農村における生産要素の平等な交換と公共資源の均衡配置を推進する。
（23）都市化の健全な発展のための体制・仕組みを整備する。

7．開放型経済の新体制を構築

　経済のグローバル化という新たな情勢に適応するためには、内側と外側への開放の相互促進を推進し、海外からの導入と海外への進出をさらによく結合し、国内外の生産要素の秩序ある自由な流動と資源の効率的配置、市場の高度な融合を促進し、国際的な経済協力・競争に参加しこれを統率するための新たな優位の育成を加速し、開放によって改革を促す必要がある。

（24）投資条件を緩和する。国内資本と外資の法律法規を統一し、外資をめぐる政策の安定性・透明性・予見可能性を確保する。
（25）自由貿易区の建設を加速する。
（26）内陸部や辺境地区の開放を拡大する。

8．社会主義民主政治の制度建設を強化

　社会主義民主政治の発展のためには、人民の主体的地位を保証することを根本とし、人民代表大会制度と中国共産党が指導する多党協力

と政治協商の制度、民族地域の自治制度、基層大衆の自治制度を堅持・改善し、民主制度の整備と民主形式の充実にさらに注意を払い、中国の社会主義政治制度の優越性を十分に発揮する必要がある。

（27）人民代表大会制度の時代に伴う前進を促す。
（28）協議と民主との幅広く多層にわたる制度化発展を推進する。
（29）基層における民主を発展させる。

9．法治中国の建設を推進

法治中国の建設のためには、法に基づく国家統治、法に基づく執政、法に基づく行政を共同で推進し、法治国家、法治政府、法治社会の一体建設を堅持する必要がある。司法体制改革を深化させ、公正で効率的で権威ある社会主義司法制度の建設を加速する必要がある。

（30）憲法と法律の権威を維持する。
（31）行政・法執行体制の改革を深化させる。
（32）法律にのっとった独立的で公正な審判権・検察権の行使を確保する。
（33）司法権の運用の仕組みを整備する。
（34）人権司法保障制度を改善する。

10．権力行使の制約および監督体系の強化

制度による権利・事柄・人の管理を堅持し、国民に権力を監督させ、権力を正しく行使させることは、権力を制度の檻に閉じ込めるための根本的な策である。

（35）科学的で効果的な権力の制約・協調の仕組みを形成する。
（36）腐敗撲滅のための体制・仕組みの革新と制度的保障を強化する。
（37）正しいやり方が常態化するような制度の整備・改良を進める。

11．文化体制・仕組みの革新を推進

社会主義文化強国を建設し、国家のソフトパワーを増強する。

(38) 文化管理体制をさらに完全なものとする。
(39) 近代的な文化市場体系を構築・整備する。
(40) 近代的な公共文化サービス体系を構築する。
(41) 文化開放の水準を高める。

12. 社会事業の革新改革を推進

発展の成果がさらに多くさらに公平に国民全体に行き渡るようにするためには、社会事業改革を加速し、人々が最も関心を払う最も直接的で最も現実的な利益の問題を解決し、人々のニーズをさらに適切に満たす必要がある。

(42) 教育分野の総合改革を深化させる。
(43) 就業・起業を促進する体制・仕組みを改善する。
(44) 合理的で秩序ある所得分配の局面を形成する。
(45) さらに公平で持続可能な社会保障制度を構築する。
(46) 医薬衛生体制改革を深化させる。

13. 社会管理体制の革新

社会の管理を革新するためには、最も幅広い人民の根本利益を保護することに着眼し、調和的な因子を最大限増加させ、社会発展の活力を高め、社会管理の水準を引き上げ、平和かつ安全な中国の建設を全面的に推進し、国家の安全を維持し、人民の就業と生活の安心、社会の安定と秩序を確保しなければならない。

(47) 社会の管理方式を改良する。
(48) 社会組織の活力を引き出す。
(49) 社会矛盾を効果的に予防し解消する体制を革新する。
(50) 公共安全体系を整備する。

14. エコ文明制度の建設を加速

エコ文明の建設のためには、系統的で整ったエコ文明制度体系を構

築し、最も厳格な水資源保護制度、損害賠償制度、責任追及制度を実施し、環境管理・生態系の修復をめぐる制度を完備し、生態環境を制度によって保護しなければならない。
（51）自然資源資産の財産権制度と用途管理制度を整備する。
（52）生態保護のためのレッドラインを引く。
（53）資源の有償使用制度とエコ補償制度を実行する。
（54）生態環境の保護管理体制を改革する。

15. 国防・軍隊改革の深化

　党の指揮に従い、勝利することができ、気風も優良な人民軍隊を建設するという、新情勢下における党の強軍目標を目指して、国防と軍隊の建設の発展を制約する際立った矛盾と問題の解決に力を入れ、軍事理論を革新・発展させ、軍事戦略の指導を強化し、新たな時期の軍事戦略方針を練り上げ、中国の特色ある近代軍事力体系を構築する必要がある。
（55）軍隊の体制編制の調整・改革を深化させる。
（56）軍隊の政策制度の調整・改革を推進する。
（57）軍と民との融合のさらなる発展を推進する。

16. 改革の全面的深化に向けた党の指導を強化・改善

　改革の全面的深化のためには、党の指導を強化・改善し、全局を見据え各方面を協調させるという党の指導の核心的役割を十分に発揮させ、学習型、サービス型、革新型のマルクス主義政権党を建設し、党の指導水準と執政能力を高め、改革の成功を確保しなければならない。
（58）全党の同志は、改革の全面的深化に関する中央による重大決定・手配へと思想と行動を統一させ、中央と地方、全局と局部、当面と長期の関係を適切に処理し、利益構造の調整に正しく向き合い、党内の民主を存分に発揚し、中央の権威を断固として守り、政令を滞りなく行き渡らせ、中央の改革に向けた決定・手

配を確固として実現しなければならない。
(59) 改革の全面的深化にあたっては、組織による力強い保証と人材によるサポートが必要となる。
(60) 人民は改革の主体であり、党の大衆路線を堅持し、社会参与の仕組みを確立し、人民大衆の積極性・自発性・創造性を十分に発揮させ、労働組合、共産主義青年団、婦人連合会などの団体の役割を十分に発揮させ、心を合わせ協力して改革を進めなければならない。

出所：人民網日本語版http://j.people.com.cn
※訳文一部補正

著者略歴

張　兵（ちょう・へい）

中国山東省生まれ。曲阜師範大学文学部史学科卒業。河南大学大学院歴史学研究科修士課程、大阪府立大学大学院経済学研究科博士課程修了。現在、山梨県立大学国際政策学部教授。
経済学博士。主な著書に、『中国語ポケット百科』（単著、白帝社）、『グローバル化と中国経済政策』（共著、晃洋書房）、『中国の地域政策の課題と日本の経験』（単著、晃洋書房）、『図説アジアの地域問題』（単著、時潮社」）などがある。

進化する中国の改革開放と日本

2014年4月25日　第1版第1刷　定　価＝3,000円＋税
著　者　張　　　兵　ⓒ
発行人　相　良　景　行
発行所　㈲　時　潮　社
　　　　174-0063　東京都板橋区前野町4-62-15
　　　　電　話（03）5915-9046
　　　　ＦＡＸ（03）5970-4030
　　　　郵便振替　00190-7-741179　時潮社
　　　　URL http://www.jichosha.jp
　　　　E-mail kikaku@jichosha.jp
　　　　印刷・相良整版印刷　製本・壺屋製本
　　　　乱丁本・落丁本はお取り替えします。
ISBN978-4-7888-0693-1

時潮社の本

中国のことばと文化・社会
中文礎雄　著
Ａ５判・並製・352頁・定価3500円（税別）

5000年にわたって文化を脈々と伝え、かつ全世界の中国人を同じ文化に結んでいるキーワードは「漢字教育」。言葉の変化から社会の激変を探るための「新語分析」。この２つの「ユニークな方法」を駆使して中国文化と社会を考察した。

現代中国の生活変動
飯田哲也、坪井　健　共編著
Ａ５判・並製・236頁・定価2500円（税別）

多様にして複雑な中国をどう捉えるか。両国の研究者が共同で取り組んだ本書では、階層分化、家族、都市、教育、文化および犯罪の各テーマにおいて、1990年代後半から今日までの中国の生活の変化をリアルに描き出している。日中社会学会会員による共同研究。『日本と中国』等に書評掲載。

現代中国の集団所有企業
工業合作社・集体企業・郷鎮企業の発展と改革
樋口兼次・范　力　著
Ａ５判・並製・282頁・定価3500円（税別）

中国経済の柔構造を解く――国有企業と私有企業の間に存在する「集団所有企業」（合作社・集体企業・郷鎮企業）の発展と実態を描き「人力資本」の可能性を展望する、日中共同研究の精華。研究者、ビジネスマン必読の１冊。新領域開拓の労作。『日本と中国』『中小企業季報』等に書評掲載。

現代中国における教員評価政策に関する研究
―国の教育法制・政策の地方受容要因と問題―
劉　占富　著
Ａ５判・上製函入・512頁・定価7780円（税別）

教育評価および教員評価制度の運用実態について、中央政府と大都市、中・小都市、郷・鎮、農村と都市規模別に分析することで、国と地方、さらに地方間で政策・法制度に大きな格差・乖離があることを明らかにし、教育改革への今日的課題を示している。

時潮社の本

図説 アジアの地域問題
張 兵 著
Ｂ５判・並製・116頁・定価2500円（税別）

アジア世界とは？ 現在どのような拡がりをもち、どんな問題に直面しているのか。外交、地勢、人口、文化など広範で多面的な分野をカバーする、読む「アジア問題事典」が完成！ 内容も１項目を見開きで解説し、図表を用いてデータ比較など研究者に留まらず、今後のアジアの変貌に興味のある方にお勧めの一冊。

現代中国の中小企業金融
范 立君 著
Ａ５判・上製・232頁・定価3200円（税別）

現代世界を席巻するのが中国企業であることはもはや世界の常識。その企業活動の源泉ともいえる金融、とりわけ鍵ともいえる中小企業向け金融の実態に迫り、その歴史と将来的展望を的確に分析した本書は、中国型リレーションシップ・レンディングという視座から企業関係を読み解いてゆく。

食からの異文化理解
テーマ研究と実践
河合利光 編著
Ａ５判・並製・232頁・定価2300円（税別）

食は、宗教、政治、経済、医療といった既成の縦割り区分にとらわれず、しかもそれらのいずれとも関わる総合的・横断的なテーマである。この食を基軸にして、異文化との出会いを、人文、社会、自然科学の各方面から解き明かす。読書案内、注・引用文献の充実は読者へのきめ細かな配慮。

世界の食に学ぶ
河合利光 編著
Ａ５判・並製・232頁・定価2300円（税別）

食文化の紹介だけでなく、グローバル化と市場化の進む現代で、外界と相互に交流・混合し、新たな食文化を創造しつつ、いかに生存しているかについて、調査地での知見を踏まえ、世界の食と日本人の関わりについてを解説。「世界のなかの自文化」をテーマに広い視野から平易に解説する。

時潮社の本

家族と生命継承
河合利光 編著
Ａ５判・並製・256頁・定価2500円（税別）

人間の生殖、出生、成長、結婚、死のライフサイクルの過程は、自己と社会の生命・生活・人生の維持・継承の過程、及び家族・親族のネットワークと交差する社会文化的なプロセスの問題である。本書では「家族と生命（ライフ）継承」という言葉で表現。文献目録、用語解説ならびに参照・引用文献を充実！

グローバル企業経営支援システム
時間発展型統合シミュレーションを用いて
張　静 著
Ａ５判・並製・160頁・定価3500円（税別）

従来の勘とコツによる物流管理方式を脱した新方式、グローバル・カンパニー・マネージメント（GCM）システムを提案。本書では、生産〜物流〜販売〜在庫の一元管理により、グローバル企業の経営の最適化をサポートするGCMを全面的に紹介する。

2050年自然エネルギー100％
エコ・エネルギー社会への提言 増補改訂版
フォーラム平和・人権・環境 編　藤井石根 監修
Ａ５判・並製・280頁・定価2000円（税別）

環境悪化が取りざたされる近年、京都議定書が発効した。デンマークは、2030年エネルギー消費半減をめざしている。日本でも、その実現は可能だ。その背景と根拠を、説得的に提示。「原油暴騰から」を増補。「大胆な省エネの提言」『朝日新聞』(05.9.11) 激賞。

エコ・エコノミー社会構築へ
藤井石根　著
Ａ５判・並製・232頁・定価2500円（税別）

地球環境への負荷を省みない「思い上がりの経済」から地球生態系に規定された「謙虚な経済活動」への軌道修正。「経済」と「環境」との立場を逆転させた考え方でできあがる社会が、何事にも環境が優先されるエコ・エコノミー社会である。人類の反省の念も込めての１つの結論と見てとれる。